比爾．博納德 Bill Bernard—著 謝東紫—譯

學校沒教的10件事

Life is not Fair

and everything else they forgot to teach you in school

〈推薦序〉

教室外的天空，更需要你認識

陳美儒

自民國六十七年夏天應聘任教建中紅樓以來，時光匆匆已逾四分之一個世紀，除了長年教授高三國文之外，也一直兼任班級導師；在春秋嬗遞的流光歲月中，親眼目睹三十年來整個教育環境的氛圍流向，親身見證這世代青春兒女的心靈變化。

在建中春風化雨的數千近萬個日子，美儒教育了無數青青子衿，昔日子弟遍佈海內外、各行各業；其中固然有許多已是當今社會知名菁英傑出者，不過卻也不乏事業、婚姻失意落魄的人兒。

人生行路，究竟是誰在引吭高歌、快樂唱和？到底是何者又偏偏被迫落入陰霾低沉的窄巷暗路？

想當年，大家不是同樣在學校裡K書苦讀？同樣地拚命考試嗎？爲什麼在經歷一番歲月拂面、銷磨青春之後，才驀然發現人生的眞相竟是這般現實寡情？爲什麼總是在揮別校園離開教室之後，才讓人怵然心驚地體悟，原來在生命的波濤、人世的紛紜中，其實隱藏著大大小小、有形無形的許多人性考驗和灰澀陷阱？

而這一切可貴的「人生眞諦」、至理哲言，似乎在教室課堂上，從不曾聽過迴響；在老師天天爲教學趕課、趕進度中，也往往忘了叮嚀、嘮叨呀！

偏偏，這些被現代young man、嘻哈族、青少年視爲「老生常談」，歸納爲無用「廢話」的叮囑，其實正是每位青春兒女將步入社會大層面、將邁入人生激流時，最珍貴又可靠的生命活力資源、EQ智慧元素。

美國著名的成功媒體製作人比爾・博納德（Bill Bernard）所著《*Life is not fair*》一書，十分難得地提供了這一切教室內缺乏教導的人生眞相，教人如何面對危機處理，如何增強個人能力。

作者目前居住在加州，在競爭激烈的傳播界，已經有二十五年的「實戰」經驗，近年來更創造了一家有線電視購物台；他也經常受邀到各州各郡演講，以他個人親身經驗的挫折與奮起，提供實用眞切的思考指引，希望爲所有年輕的心靈在面對人生各種挫折、挑戰時，能愈挫愈勇、充滿生命能量、意志開朗堅強。

《*Life is not fair*》一書原意是：人生是不公平的，而商周出版將中譯本書名譯成《學校沒教的10件事》，我認爲卻是更能展現全書的中心旨意，坦誠明白地直入人生眞相、生命原委。

「有一個最快、最簡單的方法，可以幫你找到自我以及自我在世界上的最佳定位，那就是從另一個不同的角度來看這世界。」這本書其實也就是幫助了所有的閱讀者，找到自己在這個世界上最好的定位。

思考，人人都會思考，但要如何思考才是有積極效益的思考？其實，思考也像其他事物一樣，是一種可以學習的技巧。而什麼又是所謂的「逆向思考」？根據微軟《Encarta學院辭典》的定義，逆向思考指的是：「與自然的假設或預期不同。」換句話說，許多事物在乍看之下的形貌，往往與它們的眞實情況不盡相同的；能有這樣的思考觀念，將可以幫助我們在急著做「對的事」和急著「得到」答案的同時，多一分耐心，多幾許思慮。

本書分爲十大單元：(1)天下沒有白吃的午餐。(2)人生苦短！在對的時候，做對的事。(3)擁有什麼不重要，而是看你如何利用所擁有的。(4)誠實面對自己，找出自己想要的和該做的。(5)別用過時的方法打仗。(6)懂得預做規畫和理財才能致富。(7)只有你能決定自己想要成爲什麼樣的人。(8)血濃於水，要珍愛家人。(9)醉鬼和笨蛋是無法成功的。(10)愈會善用機會，就愈容易成功。以上十項也可說就是人生眞相的十大面貌觀。

十分難得的是，本書有別於一般長篇大道理的人生哲學書；它不只以自然的手法牽引閱讀心靈學會思考，更在每個單元的末尾附錄重點摘要，還有十分有趣又具實用功能的問題討論，非常適合親子全家閱讀、論辨，甚或師生共同研討諮商。

不論是站在一位數十年深耕教育的工作者角度，或是一雙兒女已經在大學就讀的資深媽媽角色，我願全力推薦商周這本具人生教育意義又有實用功能的《學校沒教的10件事》，給天下所有的父母師長和青春兒女。

（本文作者爲名作家／親子大師）

給台灣讀者的話

距離我寫作這本書已經過了三年，那時我最大的兒子還是個高中生。他當時糟透了，出現所有青春期會有的麻煩——功課低落、交壞朋友，特別是對父母的態度很差。剛開始我以爲，「這就是現在小孩的問題」，但後來我領悟到，抱持這樣的刻板印象是個嚴重的錯誤。現在的小孩沒有問題，他們面對這個複雜世界的處理之道，也許比我們這一輩還要好。問題是，沒有人曾經告訴過他們，這個世界到底是怎麼運作的。少了這麼重要的知識傳承，他們必須靠自己去嘗試、去理解，所以才會不斷犯錯，就像我們年輕時那樣。這浪費了他們大量的時間和努力，因此我開始寫信給我兒子，希望給他一些指引，最後就是這本書的成形。

從本書出版以來，無數的讀者給予我正面的回應，他們寫著：「哇！我從來沒有認眞想過這些事。」這樣的回應對一個作者來說，是很棒的一件事；對於一個做父親的人來說，更是如此。

近來，我的出版社告訴我，本書的中譯版即將在台灣上市。我很驚訝。一開始，我懷疑這樣的人生道理如何能在不同的文化中傳遞，但我必須再次停止刻板念頭。文化就像我們穿的衣服一樣，不論外觀有多大的差異，衣服下的人是很相近的。如果不看我們是住在美國、台灣或挪威，人就是人。我們有相同的需要、想望和欲望。我們遭遇相同的困境、失望和期待。我們的孩子同樣都掙扎著要長大，雖然情況各異，但所面對的世界其實是一樣的。

抱持這樣的心態，現在我相信這些人生道理對於不同文化下的人，同樣能有很大的影響力。在這些眞理中，有一條是要你掌握自己的世界觀——我們對於生活周遭所有事物的感覺、我們選擇如何看待這個世界、我們選擇要相信什麼、不相信什麼。但我們常常忘記的是，我們可以控制這些選擇，而這樣的控制可以幫助我們更成熟。不論美國人、台灣人或挪威人，都是如此。

我想，閱讀本書譯文的國外讀者都希望能獲得有用、有建設性的內容，同時也希望能瞭解一些美國觀點。然而，對於本書大部分的眞理，美國人的敏銳度是相當不夠的。這些道理很重要、很現實、很深刻。希望你能覺得這本書有趣，也能提供你更好的思考。

Bill Bernard

April 13, 2006

目錄

切都打亂、胡搞，這樣不僅會砸了你現在的人生，也會毀了你的未來。

的經驗來因應今日面對的挑戰。重點在於瞭解自己的過去和現在的處境，並知道哪些準則適用於現在的情況。

懂得預做規畫與理財才能致富，或者至少不餓肚子

從現在就開始做財務管理，如此一來，你就可以在需要的時候，得到你想要的東西。開始存你的「本錢」，要記住，有錢才能賺錢。如果你想花一塊錢，你必須要先賺兩塊錢。

只有你能決定自己想要成為什麼樣的人

想一想你所屬的群體，以及你是怎麼變成這個群體的一份子。你有選擇權，你可以決定要和哪些人在一起。你是個獨立的個體，思考一下自己的人生方向，同時思考你所屬的群體會讓你離你的目標愈來愈近，還是愈來愈遠？

Life is not fair

Lesson 8

血濃於水！ 195

當危機發生時，家人將是你唯一的依靠

如果你希望你的家人隨時都會幫助你，那麼，當他們需要你的時候，你要很慶幸自己能夠助他們一臂之力。家人之間有一種善意帳戶，你有存款，才能提款。在善意帳戶的存款，其回收是很驚人的。

Lesson 9

醉鬼和笨蛋是無法成功的，孩子！ 221

保持頭腦清醒，才能達成你真正的目標

你有責任不對你自己和其他人造成傷害，同樣的道理，你對性、酒精和毒品也有這樣的責任。法律正式認定你的年紀已經夠大，可以做這些事了，但是，眞正的問題在於，你是否負起責任，瞭解所有的後果與義務。

前言

如果你正在看這本書，那你大概眞的對未來感到很茫然吧！

別傻了！怎麼可能從一本書中學到人生是什麼呢？連你爸媽都毫無頭緒，也無法上網搜尋到答案。沒有人眞的瞭解。**一切都會很好，只要你們別來煩我就行**！

此刻，你的心裡是不是這麼想？還是，你比較想知道的是，現在又有誰上線了？

本書是爲年輕人所寫的。這是一本談論「人生眞相」的書。這裡的人生眞相，指的可不是你一天到晚聽到的性和懷孕那類生命起源的事。這裡要談的，是**真正的**人生眞相：這個世界的運作之道，以及你該如何在人生的旅途上向前行。這是一本關於思考的書。小部分內容先談要思考「什麼」，大部分談的是「如何」思考。它就有點像是人生的操作說明——你知道的嘛，第一步，要先倒出盒子裡所有的零件，檢查看看該有的東西是否都齊了。

不管你喜不喜歡，你都要在這個世界上過活。而你「對待」這個世界的方式，將會影響這個世界如何「對待」你（因果循環）。這個道理太簡單了！你可能以爲自己已經掌握了世界的運作之道、做人處事、人際關係、金錢、性），但是你錯了。相信我，大部分的人根本就不懂。我會從截然不同的角度來討論這些議題，不論你同不同意我的觀點，光是花時間看完這本書，就足以讓你有所收穫。這就像是醉漢倚靠著路燈的笑話，路燈提供給醉漢的，是支持，還是照明呢？你應該利用這本書來支持並照亮自己的人生道路。瞭解這個世界，可以幫助你賺更多的錢、交到更好的朋友、建立更好的人際關係，並盡情地享受人生樂趣。這有誰不想要呢？現在，這本書就在這裡，要不要買帳隨便你。但至少，你有可能會因爲它，找到一個新的方式來看待這個世界的運作，還能學會如何善加應用。

切記，不要在看完這本書之後說：「哦，寫得眞有趣。」你應該**認真**去思考本書所提到的觀念，並釐清自己的想法。自己的人生得自己過，沒有人能代替你，也沒有人會替你承擔後果。這攸關你的一輩子。

你的一生會如何，跟你會不會思考有很大的關係。愈會思考，所犯的錯誤就愈少；所犯的錯誤愈少，人生就會愈美好！善用頭腦可以幫你避開許多錯誤，但是，你不可能永遠都不犯錯。犯錯時，記得從中記取教訓。最重要的是，你有在思考這一切。給你一個小小的建議：不要讓你已經犯下的錯誤，導致更多錯誤的產生。這叫做「累積錯誤」，其結果往往是個大災難。有時，你會爲了補救已經發生的錯誤，而犯下更多的錯，最後身陷泥沼，婁子也愈捅愈大。所以，當你犯錯時，接受這個事實，並思考如何不再犯下同樣的錯誤。這是最值得你用大腦去做的事。

我曾經在雜誌上看過一則廣告，畫面是一個沾有各色顏料的調色盤和幾枝畫筆，廣告中寫著：「知道這些是什麼，並不代表你就懂得怎麼去使用這些東西！」我認爲，會不會思考將決定了你的人生。我們都知道人生是怎麼一回事——每天早上起床，人生就此展開——但是，從來沒有人肯花點時間告訴我們，該如何善用這段旅程。因爲這樣，我決定要告訴你，我是怎麼學會去思考人生，去思考「思考」這件事，以及所種的因與所得的果之間有什麼關聯。歸根究柢，人生不過就是這麼一回事。

在我們繼續討論下去以前，我想先說明幾個基本觀念。

這個世界

這裡的世界指的不是整個地球，而是你居住、工作、上學、玩樂的地方，也就是你生活的地方，以及其中的一切事物，包含了發生在你身上的事，或是你預期會發生在你身上的事。我說的也是你的世界觀。所謂「世界觀」是指，所有你**選擇**並相信它爲事實的事物。這與你的信念（不是宗教信仰）有很大的關係。你可以相信紐約大都會棒球隊是個很爛的球隊、年紀比你小的人都很蠢、你爸不可理喻，或是木星是距離太陽最遠的行星。我們可以「相信」很多事情。我們所相信的事，有些屬於絕對的事實，而有些並不是。你如何選擇這些事情，就是你的世界觀，就是你選擇相信的「人生眞相」。在這裡，「選擇」是個關鍵。

❖　❖　❖

讓我們想像一下這個畫面：在森林的某處有一片美麗的牧場，遠山含笑，還有樹木、小溪、麋鹿、兔子、小鳥、蝴蝶。現在，有人在這座牧場的中央建了一個狹長的水泥屋，屋內只有一扇小小的窗戶。想像一下你正站在屋內離窗戶最遠的地方向外望去。

這就是你出生時的視野，你只看到屋外世界的一個小角落。隨著時間的流逝，你愈來愈接近這扇窗戶，同時也看到愈來愈多的事物。到了青少年時期，你已經由起點向窗戶的方向前進了四分之一的距離，此時你所看到的世界，比你剛出生時所看到的要大了許多，於是，你以爲自己已經知道很多了。現在，你知道那些綠色一叢一叢的東西是樹木，你聽到的聲音來自溪流，但是，你仍然只看到眞實世界的一小部分。

你的世界觀與信念也是如此。你看過的東西愈多，就有愈多事情變得有意義。看得愈多，信念也會跟著改變。嘿！你以前甚至相信聖誕老人是眞的！所以，現在假設有人輕敲小屋的門，並走進來告訴你「外面的世界」是什麼樣情況，我希望你會對這個人所談的事物感興趣，因爲這就是本書的主題：你既有經驗之外的東西——小屋外的世界。

本書所提到的這些人生眞理是非常重要的，因爲它決定了你是怎麼看這個世界，以及你在這個世界中的定位是什麼。大多數人瞭解人生眞理的方法是透過親身經歷，包括發生在你身上的事、你聽來的故事，或是別人告訴你的事情。但我們通常只聽進符合我們信念的事，而忽略那些與我們的信念不一致的（紐約大都會棒球隊的確很爛，但木星不是距離太陽最遠的行星）。有時候你的信念可能是錯誤的，而你往往會因此忽略掉那些正確的事物。這會導致雙重效果：你不僅相信了錯誤的事，同時也沒學到正確的觀念。結果是你的世界觀會因此扭曲，你無法瞭解人生的眞實面貌。所以，選擇（你所相信和不相信的事物）是很重要的，不論你如何做決定、你的決定是什麼，還是你要怎麼過你的一生，一切都是從選擇開始。如果你能暫時停下腳步，認眞檢視你所認定的事理是怎麼形成的，將對你很有幫助。

身為青少年是一件很悲慘的事。蕭伯納（George Bernard Shaw）是英國的桂冠詩人，在他年老時，有人問他說，他「想要」重返十八歲嗎？他回答說，這是他聽過最愚蠢的問題；他當然不想再當一次十八歲的小伙子，因為他十八歲時的人生簡直就糟透了！

青少年階段會如此令人不堪回首，有一部分的原因來自生理上的變化。你的身體已經成熟了，但你的頭腦卻還沒有準備好。而你的頭腦之所以還沒有準備好，是因為你的人生經驗還很貧乏。這就好像是擁有一台全新的電腦，卻沒有軟體可用！人生經驗就是你的軟體。小屋窗外的世界你還看得不夠多。你很不想承認，但在內心深處，你知道這是事實。你待在這個世上的時間還不夠久，接受這個事實吧！沒有關係的。

作家寇特・馮內果（Kurt Vonnegut）在著名的東方學院（Eastern College）畢業典禮上致辭時，曾被問道，作為一個以觀察人類為職志的成功作家，他認為某些事情應該如何處理。他回答說：「我怎麼知道，我才剛到這兒！」他的意思是，即使已經在這個地球上居住了六十多年，他仍然覺得自己的經驗還不夠，所以無法回答這個問題。

還有另外一個原因，讓年輕的歲月如此悲慘，那就是你有無限的潛能，卻不知道該用在哪裡。你的潛力無窮，可以做任何你想做的事，每個人都這麼對你說，但是，你想要做的事情是什麼，你自己也毫無頭緒。潛能是一個很大的責任，你並沒有去求，但它就來了。你很擔心自己會把事情搞砸，所以就假裝不在乎。長大一點吧。你很在乎，而且你應該在乎！

這種種的痛苦、苦惱和衝突可以很快就消失。只要你花一點時間思考你的世界觀和你選擇相信（或被迫相信）的事，你的恐懼、緊張、焦慮和缺乏安全感就會消失無蹤。**有一個最快、最簡單的方法，可以幫你找到自我以及自己在世界上的最佳定位，那就是從不同的角度來看這個世界。**

我並沒有說，我知道解決人生問題的所有方法，也沒有說，這本書提供了所有「正確」看待世界的方法，或是看世界的「最佳」方法。每個人都得靠自己去找出答案。重要的是，你必須很快就找出答案，因爲你在接下來的幾年當中所做的決定，會對你的一生產生極大的影響。這就好像是用槍瞄準目標，稍微偏一下，子彈射出的方向就大不相同！在人生的這個階段，你應該清楚瞭解自己**真正**相信的是什麼。我唯一想做的，是讓你開始思考一些眞正重要的事情。這些事情和你在學校所學的東西（不論是代數、歷史，還是甲烷的化學成分）一樣重要。你也應該好好地花點時間與精力在本書所討論的事情上！

思考

就像學習其他的事物一樣，思考也是一種可以學習的技巧；同樣的，如果有人給你指引或是你勤加練習，就會做得更好。沒有什麼比學會如何思考更重要的了。這對你可是大有幫助。你應該每一分、每一秒都使用這項技巧。此刻，當你在閱讀這本書時，我希望你同時也在思考。你也許會覺得你的思考方式並沒有問題，這本書很愚蠢，根本是在浪費時間。好極了！秉持批判、懷疑的態度，不要看什麼信什麼，而是要對所看到的事物加以檢視、理解，並**選擇**立場（同意或是不同意）。這才是思考。命運掌握在你手上。什麼事該相信、什麼事不該相信，都由你自己選擇。

那麼，該怎麼教人如何思考呢？很不幸的，這是不可能的任務！因爲你必須自己去學會如何思考。生命中的某些事物，需要靠自己去學習，沒有人能教你。接球是無法教的，別人可以向你示範接球的技巧與原則，但你必須親自去接球，才能學會如何接球。當你教小孩傳球接球時，你不能在他們第一次漏接時就破口大罵。你必須一次又一次地教，直到他們掌握到技巧爲止。

思考的第一門課，是**選擇**思考的**內容**與思考的**方式**。思考並不一定要像碎紙屑那般隨風四處飄揚。如果你想要讓思緒漫無目的地飄，當然可以，但是，你也可以學著控制自己的思緒。

❖ ❖ ❖

每個人所思考的事物不出這三項：已經發生的事物（過去）、正在發生的事物（現在）和可能發生的事物（未來）。思考未來是最有趣的，我們大概也花了不少時間在這上面。這就是最棒的「假如……」式的思考方式。但我們在人生很早的階段，就學到這麼做是不對的；身旁總是有人不斷地告訴我們：「不要再作白日夢了！」事實上，這是**最好的思考方式**，只是我們沒有用這套邏輯發展出結果。我們會想：「假如……的話，不是很棒嗎？」我們幻想出各種可能的情節，並想像自己是其中的英雄人物，然後就此打住！如果我們眞的很喜歡自己所編織出來的故事，就應該試著找出達成目標的方法。這叫做「積極思考」。那要怎樣才能達成目標？

如果你覺得當總統是一件很酷很讚的事，那就去做吧！當然，這不是件容易的事，但如果你進入常春藤聯盟大學就讀、攻讀法律學位、參加地方公職的選舉、成為所屬政黨內的要角，然後慢慢往上爬，也許會有機會。成功的機率可能很低，但是，每位總統（除了開國的幾位之外）都是從小就幻想自己能成為總統，才開始踏上尋夢之路。基本上，你成功的機率是三億分之一。美國境內的三億人口中，只有一個人可以當上總統，但沒有哪位總統是僥倖當選的。

積極思考就是除了覺得「這樣不是很酷嗎？」之外，再向前一步，並思考自己如何從這一步走到下一步。如果你覺得某件事似乎值得一試，那就去試試看吧！如果你覺得不值得，那麼就想點別的事情。思考一下，你想得到的東西與達成目標的方法之間，有什麼邏輯上的關聯。如果你不想花力氣去做事，就不要抱怨。不要讓「酸葡萄心理」成為偷懶的藉口。所有的事都需要付出努力。這是最難學會的課題：唯有付出，才有收穫。如果你想有所收穫，那麼你一定要有所付出！你可以達成任何你想達成的目標，這是人生的眞理。相信我，只要你願意付出。（不過，不要興奮過度，還是有一些事，是不太可能發生的。例如，假如妳是個五十歲的女性，那麼妳成為超級盃橄欖球賽四分衛的機率可是微乎其微。）**練習思考事物的關聯性。如果我做「那件事」，那麼「這件事」就有可能會發生。如果我想要實現「這件事」，那麼，當我完成「那件事」之後，我成功的機率會最大。**你大概已經這麼做了，不過，要繼續做下去，多加練習，才能愈做愈好。「做」是重點，就像練習接球一樣。

逆向思考

根據微軟的《Encarta 學院辭典》（*Microsoft Encarta College Dictionary*），「逆向思考」的定義是：「與自然的假設或預期不同。」換句話說，許多事物在乍看之下的面貌，往往與它們的眞實狀況不同。記得這個觀念會對你很有幫助，它會讓你在急著做「對的事」和急著「得到」答案的同時，多一點耐心。我所謂的「得到答案」，指的是我們常有口無心應著別人說：「是啊，是啊，我知道，我知道。」其實，你並不知道。學會接受這個簡單的事實，可以幫你減少許多遺憾！每個人都想要做對的事，每個人都想要知道所有的事。我們在很小的時候，就被教導要馬上找到答案，馬上要「知道所有的事」。

大家應該記得很清楚，很久很久以前，自己和其他三十個小孩坐在同一間教室上課的情形。我們都希望自己是第一個知道答案的人、第一個被老師叫到的人。如果我們生性害羞，或是不知道答案，或是害怕答錯了，我們就會反過來取笑那些「老師的乖寶寶」和「書呆子」。這個情形常常發生在小學一、二年級，就在那個時候，我們學會了生命中兩個非常具有毀滅性的「錯誤」觀念（這些「錯誤」的觀念阻礙我們好好思考）。

第一個觀念是，最快知道答案的人就是最聰明的小孩。第二個觀念是，當個笨蛋比當「書呆子」酷多了，嘴巴閉得緊緊的，就沒有人會取笑你。於是，我們學到的是：如果你想要讓別人覺得你很聰明，你就要很快找到所有問題的答案（通常是錯誤的答案），如果你想要讓別人覺得你很酷，你就要看起來很愚蠢。最糟的情況是，有人想要兩者兼備，也就是想要又聰明又酷，結果往往是，給別人愚蠢的答案，還讓人覺得是「自以爲聰明的傢伙」。**這是年輕人常犯的錯誤，同時也是錯誤的生活策略**。想要讓自己看來又聰明又酷，但又和別人打賭：「是啊，如果紐約是一個城市而不是一個州的話，你今天就要穿著內衣褲一整天。」你知道我在說什麼，而且你也很清楚，當你發現自己以前的所作所爲其實大錯特錯時，會覺得自己有多麼蠢！看到我用白紙黑字把這個眞相說出來之後，你應該知道這種思考的謬誤在哪裡。

最佳、最正確的做法，不是成爲最快下判斷、最快給答案的人。聰明是一件很酷的事，但是，不論你認爲自己有多聰明，不要忘記，你還有很多東西要學習。正確的做法是，最聰明的答案，往往是簡單的一句「我不知道」。你從人生學到的最重要課題，就是在犯錯時承認自己錯了。這個簡單的事實與我們在小學一、二年級學到的觀念恰好相反，聰明的人不一定很快就有答案，爲了耍酷而裝酷是一件很蠢的事。

說明

在我們正式進行討論前，你需要準備幾樣東西，以便好好利用本書。

- 一份你想要的禮物
- 一把尺
- 一塊軟木板
- 一根大頭針
- 一枝筆
- 一只錶或鐘
- 一台計算機

本書分成十個主題。前言只是要讓你瞭解本書要講什麼，這些概念可以幫助你順利讀下去。我建議你和父母朋友一起閱讀。人愈多愈好。本書的設計，本來就是要讓讀者大聲唸出來的。希望這本書對你們來說不會太長，也不會太無聊。唸完每一個單元大約需時三十分鐘，另外還需要三十分鐘的時間來討論其中的內容。每個單元的結尾都有重點摘要和幾個問題。你們可以一起討論這些問題，輪流回答，並看看你們的答案有何異同。這些問題沒有標準答案，重點在於讓你思考。你最好每天晚上讀一個單元，連續十天。這可能有點困難，但自律是件好事。學習思考本來就不容易。

當你開始讀本書時，不要忘記了，我想要講的不是思考**什麼**，而是**如何**去思考。我以人生的眞理作爲本書的主軸。思考是一項需要練習的技巧。一開始的時候，你可能會犯錯，所以不要太苛求自己。試著做逆向思考，想想，事物也許不像它們乍看之下的那樣。用批判的眼光來看事物，並認清楚，有些事物帶給我們的其實是負面教育。思考一下人生的「眞實」規則。學著控制自己的思考，並學著多想一點。積極思考，做計畫，瞭解計畫的意義，然後依照計畫展開行動。

Lesson 1

天下沒有白吃的午餐！

有付出才有收穫，不要認為別人給你東西是理所當然

Life is not fair Life is not fair Life is not fair

好，我們開始吧。本書涵蓋了許多主題，有些部分對你來說可能很有用，有些則否。好好地利用這本書！覺得有道理的地方就標起來。重複閱讀你覺得重要的部分。

現在你要知道的是「天下沒有白吃的午餐」這個道理，並學會如何讓其他人別來煩你。一旦你眞正瞭解，並隨時將它放在心上，你就可以永遠不受他人的干擾，這包括你的父母、兄弟姊妹、老師、好友、老闆——我向你保證！

不過，有一個先決條件是，你必須認眞去思考我所講的事情和一些弦外之音，眞正弄懂它才行。

「天下沒有白吃的午餐」這句話通常是用在商業場合，但是，要瞭解這個世界的運作之道，第一步就要懂得這句話的意含。不論你是否要從商，不論你是否願意，你都得活在這個世界上。這句話是個好的出發點，因爲它講的是如何與他人相處，這是你一生中都要面對的重要課題。訣竅在於，將人際間的互動視爲一種「交易」。

不公平

瞭解這個世界其實是**不公平的**，並學會不把這件事放在心上，是成爲大人必須要付出的代價。

首先，我們來看看**公平**這件事。小孩子玩的遊戲很多，有跳棋、撲克牌和各類運動。這些遊戲都有遊戲規則，如果每個人都知道規則是什麼，就會很公平。運氣和技巧決定了遊戲的結果。在足球賽中，越位就是越位，這是規則。有誰會去爭論說這項規則是否公平嗎？沒有。你可能會對自己是否越位提出反駁，但我敢打賭，沒有人會覺得這項**規則**不公平。人生有點像是這樣，只不過我們往往因爲不瞭解遊戲規則而抱怨不公平。兒時玩的遊戲讓我們以爲這個世界就是這樣運作的。才不是！（還記得先前提過的逆向思考嗎？）事實上，這個世界的運作方式剛好與這相反。這個世界的基本原則是**不公平**，這是你要學習的第一個人生眞相。

遊戲應該要公平，但人生不是這麼一回事！

個人、家庭、企業、團體、國家，幾乎每個人都想盡辦法要讓這個世界**不**公平。每個人都想要佔便宜，每個人都希望「遊戲規則」對他們有利，這樣他們就不需要靠實力或運氣了。相信我，事情就是這樣。法律、稅制、國際協定、各式合約的制訂是愈不公平愈好，因爲它的目的就是要對某一方比較有利。大多數的離婚法律是站在女性那一邊，這不公平。有錢人（他們的財勢可以影響立法）付出的稅金比窮人還要少（以比例來說），這不公平。一件七十五美元的衣服，服飾店賺三十五美元，經銷商賺二十美元，進口商賺十美元，製造商賺九美元，而眞正縫製衣服的女工只賺一美元，這不公平。但是，這就是「眞實」世界。所以，不要再去想「公不公平」這件事了，我們該做的，是把心思放在我們該如何思考，以及瞭解人生**真正**的運作之道。

規則爛死了

一旦你瞭解眞正的人生規則（例如不公平）之後，你就可以**賺更多的錢**、**過得更快樂，而且更加盡情地享受人生的樂趣**！假如你不瞭解眞正的規則，或是從錯誤的方向來理解它，那麼，在人生的跑道上，你就會處於很不利的地位。眞實社會的規則會有問題，是因爲大多數的人幾乎都不去談它，即使談了，說的也都是「照道理應該如何」，或是他們理想中的規則，而不是眞實面貌。

有些規則「很大條」，例如不能殺人（聖經中的十誡）。這些規則已經變成法律，並且成爲社會運作的準則。我不打算討論這類規則，因爲大多數的時候，我們只能接受它。這種規則一旦違反，可是要進監牢的。

有些規則是「中等大條」。例如「你要別人怎樣待你，你就要怎麼待人」之類的。我對這類的規則最感興趣，因爲它決定了一個人會如何過他的一生。這些規則與社會秩序無關，而是與人有關。這些規則也產生最多的困惑。之所以會困惑是因爲談論規則的人通常不遵守規則。我們都很熟悉一些金科玉律（「你要別人怎樣待你，你就要怎麼待人」），或是佛教中的「因果報應」（「種什麼因，得什麼果」），這些規則也很有道理。但問題在於，它們是我們「理想」中的規則，而不是眞實世界的規則。我們常聽到這些道理，但似乎行不通。我們看到的是，虔誠的基督徒講一些低級的笑話：「有三個同性戀者和一個妓女……。」這違背了聖經。我們看到的是，冷靜、貪婪的生意人不管別人死活，但卻大賺其錢。這不符合因果報應。眞實的人生完全不遵照這些規則運作，這讓我們感到很困惑。眞實人生的規則既不美又不好，還不公平，它們就是這樣。開始去適應它吧！（也許這就是沒有人要談論這些規則的原因。）

請記住，即使我們對這些規則恨之入骨，但它們都很重要！如果你不知道遊戲規則，你就無法玩遊戲，不論是棒球、足球，還是大富翁。你可以試著去玩，但一定不好玩。不懂遊戲規則卻硬要玩，一定很無趣，而如果你還要作弊的話，結果一定更糟。最糟的情況是，每個人都「自以爲」懂得遊戲規則，但其實一點也不懂。這樣的遊戲玩起來既蠢、又無聊，而且爭議不斷。我們都有這樣經驗。（「我沒出局，你們不可以這樣，這不公平！」）

而本書要談的這些是人生的「祕密」規則——事情的眞相，以及這些眞相如何決定你一生的成功與失敗。這倒也不是說，你所知道的一切都是錯的，但即使你所走的方向正確，你也需要以正確的方式來**思考**自己的人生。這是你重新確認自己思考模式的第一步。不要對自己太有自信；事物的眞實面貌並不一定是它外表看起來的那樣。瞭解規則可以幫助你看清這個眞實、不甚美好、有點糟糕的世界。這個世界不斷在改變，隨便抓一個人來問就知道！

【我有話要說】

大家都不守規則！

漢娜，十三歲

我媽答應讓我哥帶他朋友史提夫回我們家過夜。我媽跟我說：「不論他們在做什麼，妳都要告訴我。」我隨口回答說：「好。」然後就去睡覺了。半夜我哥（班）跑到我房間把我吵醒，一副很害怕的樣子對我說：「我偷偷帶了兩個女孩子回來，不要跟媽說。」我回說：「好吧！」班總是要我幫他隱瞞。沒多久，我媽走進我房間問我說：「妳有聽到女孩子的聲音嗎？」我說：「沒有，應該是史提夫的笑聲。」她說她要上樓去看看。就在她走回房間套上睡袍的時候，我趕緊跑到班的房間，告訴他媽要過來了，他一臉驚恐。不一會兒，媽來了，我真的很怕她會發現我，也很怕她會因為我沒聽她的話，或是我替班隱瞞而生氣。當媽走進班的房間時，班已經把那兩個女孩子藏在衣櫥裡。她問說：「有女孩子在這裡嗎？」班回答說：「沒有啊，只有我和史提夫。」她又問：「真的嗎？」他回答說：「對啦，我很清楚自己房間裡有什麼。」然後她就走了，而我嚇得全身發抖，結果那兩個女孩子在我們家過了一夜。媽規定班不准帶女孩子回自己房間，而班違反了這項規定。第二天一早，史提夫和班五點半就出門衝浪去了，他們會這麼早出門，其實還有另外一個原因，那就是他們可以偷偷把女孩子帶出去，然後送她們回家。所以，班打破了規定，而我也因此跟著違反了我明明知道的規定。我媽也犯了錯，不過她可能沒有意識到。我是說，她為什麼要我打班的小報告？就算他真的做錯事了，為什麼我也要跟著攪和進去？我覺得我們最好不要攪進別人的麻煩裡。

你已經知道不公平和規則的必要性，現在，我們可以繼續討論下去了。先前，我曾列出一個清單，要你事先準備好這些東西，其中有項是「一份你想要的禮物」。這份禮物是什麼可以由你和你父母一起決定——如果你們一起看完這本書的話，你就可以得到這份禮物。它可以是錢、你想要的東西、想請父母幫的忙，或是任何其他的物品。以十個小時的閱讀與討論來交換一份你想要的禮物。這樣公不公平？

儘管這個工作很簡單，你仍需要爲這份禮物付出一點努力。天下沒有白吃的午餐！你不一定要完全同意我的論點。重點在於，學習如何好好思考。只要你不是敷衍了事，就可以得到你想要的東西。這樣公不公平？如果你覺得公平的話，你就搞懂這項交易的規則了，而且你也開始弄懂所謂「白吃的午餐」是怎麼一回事。你必須付出十小時的時間，以獲取一個有價值的東西（你得付出代價），而你的父母必須付出一個有價值的東西，來讓你和他們一起看這本書（他們也得付出代價）。

給我，給我，給我

接下來，你如何讓其他人別來煩你呢？你必須瞭解「天下沒有白吃的午餐」這個道理的另一層意義。每份你吃下的午餐**都**附帶了一項義務。每份午餐所附帶的義務不同，不論義務是什麼，反正一定會有就對了。每次，只要有人爲你做了某件事，即使是最微不足道的一件小事，你都欠他們一份人情——不論你想不想這樣。這就是人情世故。假如你不償還，你永遠都會有負債，沒有人喜歡不還債的人或是「乞丐」。

你可能會說：「這又不是我要求的，既然不是我要的，就不必償還。」錯！你得爲很多你沒有要求的東西付出代價。你並沒有要求去上學，但是，你一週五天、每天至少花六個小時的時間在學校，因爲這是你該做的事！你沒有要人家在你開車的時候撞上來，但事情就發生了，總要有人付修車費，如果撞你車的人沒有保險的話，那麼，付錢的人不是你，就是你爸媽。如果有人在路上沒頭沒腦就塞一百美元給你，你大概會覺得其中一定有詐，你猜別人會要你爲這一百美元做些什麼事，因爲，一旦拿了錢，你很自然就想到你有某種義務。在人生大多數的時候，你在接受事物的同時，就預期要履行某些義務，只有當你「不想」付出代價的時候，才會滿腦子想著「公不公平」這件事。**從這裡，我們學到的教訓是，你沒有選擇的餘地。不論你想不想要，只要你有義務，你就得去盡、去完成！**

父母認爲你欠他們很多，因爲，他們花了許多金錢、時間與精力在你身上，才把你養到現在這麼大。而你不認爲自己欠他們任何東西。你從來不曾要求被生出來，或是要求他們把你養大——這是他們應該做的事，不是嗎？而沒有人，沒有任何人，喜歡欠下這種債，尤其是當你將這種債務視爲是不好或不公平的時候，所以，你恨死了這種情況。這就是你和你的父母處不來的最大原因之一，也許也是你現在讀這本書的原因。這一切種種，都源自一個誤解，那就是誤以爲我們「理所當然」應該得到某些東西，以爲我們應該可以不用付出就得到某些東西。

我最重要！

「理所當然」是個很好的詞。它的意思是，因爲你存在，所以你就應該獲得某些東西。環顧四周，看看你的家、餐桌上的食物、你房間裡那張舒適的床，你覺得這一切都是你應得的，因爲你又沒有**要求**父母把你生下來。你認爲，因爲你已經來到這個世上，所以你的父母和全世界都欠你東西。有許多人浪費一輩子的時間在抱怨，責怪這個世界虧欠他們。這是非常錯誤的觀念！對於義務、債務的正確「思考」，就是你要償還！**你要尊重你欠別人的債，而且不要認為別人給你東西是理所當然的**。這似乎「不公平」，但現實世界就是這麼運作的。你要嚴以律己，寬以待人！

你的父母可能爲了你們的房子和車子而「背負」貸款，他們不會因爲覺得自己是好人、是好父母，或是人格高尚，就視房子與車子爲「理所當然」。只要貸款逾期未繳，他們就會失去房子或車子。看過電影《汽車回收員》（*Repo Man*）的人都很清楚這個道理。讓我們搞不懂的，是那些「無形的」債務（義務、期望、別人曾經給予的協助），它們並沒有清楚的遊戲規則。你的朋友可能覺得你欠他一個情，而你卻覺得是**他欠你**。如果情況一直持續下去，沒有獲得解決，你們的友誼通常會因此結束。你可能覺得這跟因爲繳不出貸款而使車子被收回的情況不同。其實，這兩者是一樣的！你們的友誼因爲沒有人願意付出而被收回。你必須償還你欠別人的所有債，但別人可能一點都不想償還他們欠你的債，開始學著接受這個想法吧！

小孩都覺得他們理應得到一切。他們覺得父母的東西（以及身分地位）也屬於他們。但事實並非如此。每個人出生時都是一無所有。影集《天才老爹》有一集是這麼演的：兒子告訴老爹說，他應該給他某樣他想要的東西，因爲「我們家很有錢」。天才老爹回答說：「你錯了，兒子，你媽和我很有錢，你並不有錢，你一無所有！」這是個很好的角度，去思考「理所當然」這件事。初出茅廬的年輕人，你所得到的每一樣東西幾乎都是別人給你的，你眞正靠自己「賺來」的東西並不多。不過，這並不打緊，只要你把自己得到的東西視爲別人給你的「禮物」。這是邁向成長的一大步——對你所收到的禮物和幫助心懷感恩！將每件你所收到的東西視爲一個美好的禮物。一旦你這麼想，你的態度就會大大的改變。例如，有兩個小孩分別都得到一輛車。其中一個小孩將這輛車視爲理所當然（他已經取得駕照了），他雖然很高興能得到這輛車，但更多時候，他覺得自己應該開更好的車（他的車沒有他父母的那麼好）。而另一個小孩並不將這輛車視爲理所當然，而是視爲一個天大的禮物，因此，他心中時常心懷感激。每次只要他坐上這輛車，他就感到無比興奮，覺得自己非常幸運。你覺得這兩個小孩誰比較快樂？哪一個人的態度比較好？

交易滿意度

我先前提過，「白吃的午餐」這個說法源自商業界，因爲有許多人商業人士會一邊吃午餐　邊開會。在這些午餐會議上，總是有一方想要賣東西給另一方，總是如此，絕無例外。有時候，交易很清楚：某甲想要賣一輛價值三萬美元的堆高機給某乙。但大多數的時候，交易並不是這麼顯而易見：某個男生向某個女生吹說自己有多酷，希望她會因此跟他出去約會。而更多的情況是，根本看不出交易：某甲向某乙推銷自己的想法，讓某乙認同他的想法，他也因此提高對自己的信心。大多數的人認爲「推銷」（賣）或是「被推銷」（買）是一件很不好的事。這是另外一個我們從小就被灌輸的錯誤觀念。（想想這幾個說法：他被人出賣了、不管人家說什麼他都買帳、他連自己的祖母都可以出賣！）

但我們需要很多東西，而賣東西的人可以幫我們取得這些東西。試想一下，有多少東西是你需要買或是想要買的——總要有人把這些東西賣給你吧，否則你怎麼取得這些東西？所以，不要用「買賣」的觀點，而是用「交易」的觀點來思考。這是眞實世界中的一項重要人生道理：**只要有兩個以上的人在一起，他們之間一定會產生交易行為**。

交易不僅隨時隨地都在發生，而且還有一套它自己的「遊戲規則」！賣方幾乎都是那個爲商業午餐買單的人，而買方則必須從頭到尾聽完賣方所要說的話，有時甚至還要向賣方下訂單。所以，如果你想要賣東西，你就要爲午餐買單！如果你想要買東西，你就要聽別人怎麼說！傾聽是你爲免費午餐所應付出的代價。

我想，這是年輕人與他們的父母之間最根本的問題之一。父母爲午餐付錢，而孩子卻不想聽他們說教！（父母與子女都該思索這個問題。）所以，記住這兩項規則：一、搞清楚誰是賣方；二、弄清楚聽別人推銷所要付出的代價是什麼。**思考一下這是個什麼樣的交易**。這個人接下來會怎麼做？而他們又期望我做些什麼？不論這個代價是金錢、時間、注意力，還是情感，你都必須付出代價。在任何情況中，你都可以找出賣方，以及他所打的如意算盤是什麼。學著掌握這個技巧，這對你很重要。

我現在正在向你推銷這些觀念，而你要付出的代價是花時間閱讀這本書（以及花錢買這本書）。我提出我的觀點，你花時間精力讀這本書，這就是我們的交易。在你閱讀的同時，我試著要說服你，我的觀點是有道理的，而且可以讓你更成功。當你看完本書時，我們的交易就結束了：我得到了你的關注，而你選擇相信我的觀點，或是過目即忘。我再不欠你，而你也不欠我，所以我就不會再去煩你。這就是這個世界的運作之道——每樣東西都有個標價，所有的事情都是一筆又一筆的交易。只要你付出代價，你就可以得到東西。如果你欠了債而不還，別人就會一直來煩你！這還是簡單的部分。困難的部分是，人們對於誰欠誰什麼，以及什麼債已經還了，往往沒有共識。

瞭解自己的債務！

如果你考試考不好，或是報告寫不好，老師大概會唸你幾句。這個情況所涉及的交易是：老師教，而你學習。老師認爲他的付出比你的付出還要多，所以他會拿考試或報告的成績來煩你。他覺得他被佔便宜了，就好像是價值一百元的滑板只賣了五十元一樣。當人們覺得自己被佔便宜時，就會很生氣！這時，更不用提公不公平這件事了！

【我有話要說】

逃學記

奈特，十六歲

那天，我和我的朋友柯迪、葛拉漢與麥克斯一起逃學。我們打算等放學時間快到時，再跑回學校，等爸媽來接我們。柯迪想要到他的置物櫃去拿些東西，他問我們，有沒有人要陪他一起去，我說：「好啊，我跟你一起去。」於是，我和他一起走到置物櫃，他拿了他的書，正當我們要離開的時候，我看到了我的法文老師，她同時也是柯迪的西班牙文老師。她問我們為什麼沒去上課，反應快的柯迪回答說，我們兩個去看醫生了！這個說法簡直就是此地無銀三百兩。老師打電話回辦公室去問我們有沒有上其他的課，然後知道我們今天一堂課也沒上。於是，她打電話給我們的父母，告訴他們說：「這兩個孩子今天逃學！」我被逮個正著，麥克斯也是。柯迪被抓之後，柯迪的媽媽告訴葛拉漢的媽媽這件事，於是葛拉漢也被抓了。到頭來，我們全部被逮到。我們不想去上學，只想出去玩，而且不想付出代價。我們不想面對結果。因此，我們全部被老師逮到。但是，我們不應該對老師生氣，因為她只是努力盡職而已。我早該知道後果要自己承擔，下次逃學時，要特別小心不要遇到法文老師！不，沒有下次了，我不應該逃學，因為，雖然我想不勞而獲，但我也知道，天下沒有白吃的午餐，我必須考慮到可能的後果。因為這件事，我被禁足了一個月。如果有人告訴我，一天的代價是一個月，我可能會說：「開什麼玩笑！」但是，真實世界就是如此。

要讓其他人別來煩你，就要付出代價，而付出代價的唯一方法，是**付出他們認為你欠他們的東西，而不是你認為你欠他們的東西**！這不公平！又怎樣？這個世界就是這樣。

想想這個狀況，假設你到商店去買一包糖果，你要付的是店家所訂的價錢，而不是你認爲這包糖的價值。你不會和店家爭論，你也不會和他們討論這包糖果的原料是什麼，或是你只有多少錢可付。你要嘛就付錢，要嘛就不買。你很清楚遊戲規則就是這樣。這就好像是足球的越位規則。把這個原則應用在生活中的所有交易，有這麼難嗎？責任義務與人際關係也是遵循著同樣的道理。這眞的很簡單，瞭解事物的代價，付出代價，如此而已。

現在，你已經知道如何讓其他人別來煩你了。這個道理屢試不爽。天下沒有白吃的午餐，每個人都在賣與買，與其和別人爭論自己該付出多少代價，不如直接付出別人認爲你該付出的代價，這樣要簡單多了。下次如果有人來煩你的時候，你就問他：「你覺得我欠你什麼？」然後準備好付出他所要求的代價。不要和他爭論代價應該是多少，讓事情就此結束。然後，他們就再也不會來煩你了！如果你鐵了心，要說服店家那包糖只值十分錢，那麼人家就不會饒過你了——到最後，你要付出的代價是有人向你喋喋不休，與你爭論事情的道理。

你要付給父母的代價，也是如此。父母對你的付出，比你能回報他們的東西要多很多，你非常痛恨這個事實，於是，你想要退出這場交易（「我又沒有要求他們把我生出來」）。這並不能改變事實，你已經出生了，而且你欠他們許多東西。父母和別人最大的不同點，在於他們是世界上唯一不期望你回報的人。他們唯一想得到的「償還」，是你的成功與感恩。他們只希望看到你試著盡全力，而且不把他們給你的東西視爲「理所當然」，因爲那是他們非常、非常努力才得到的成果。**他們希望看到你和他們一樣努力！**這是他們唯一想得到的回報，只要你瞭解這一點，你就會知道他們的要求其實並不多！這也是另外一個人生的眞理。

Life is not fair 重點整理

你應該已經明白「天下沒有白吃的午餐」這個道理。白吃的午餐是個神話。人生中有許多人大小小的規則。瞭解這些規則，並加以思考，會讓你賺更多錢、成爲更快樂的人，更加盡情地享受人生的樂趣。「買賣」是好事。交易隨時隨地都在發生，如果你能學會看清你和別人的交易是什麼，對你會很有幫助。如果你接受「交易是這個世界的運作之道」這個觀念，那麼你就可以比較清楚地瞭解事物背後所隱含的代價，而這個代價的多少是由賣方所決定的。付出代價可以讓別人不再來煩你，這是很簡單的道理，但你可能從來不曾如此想過。練習使用這種思考邏輯。你並不一定要認同我的觀點，但是，請你要以批判的眼光來檢視看似簡單的事物。

現在，請你花一點時間想想以下這些問題：

□ 你覺得你需要爲所有的事付出代價嗎？你認爲交易隨時隨地都在發生嗎？

□ 你對規則有什麼看法？你能分別想出一些大、中、小的規則嗎？

□ 你認爲隨時隨地都有人在買與賣嗎？

□ 你覺得，如果不和別人爭論代價該是多少，而直接付出你該付出的，這樣事情會簡單一些嗎？

□ 你認爲在事先就很清楚事物的代價，會讓一切更公平嗎？

□ 你覺得這些觀念可以幫助你瞭解這個世界，並從中獲得益處嗎？

□ 你覺得文中還有哪些部分對你是很有幫助的？

Lesson 2

人生苦短！

在對的時候，做對的事

Life is not fair Life is not fair Life is not fair

前一個單元談的是規則和交易，以及你應該如何思考自己在這個世界上的定位——那些別人對你的期望。本單元要討論的是，你能期待從這個世界得到什麼，以及你該如何思考這些期待。這就是人生的全貌。

概括地看待人生

在開始正題之前，我們必須先討論一下「普遍原則」與「特殊情況」的問題，以及這兩者在我們的思考過程中扮演什麼樣的角色。之前我說過，有些我們在小時候學會的觀念，會影響我們正確思考。「普遍原則」就是一個例子。微軟的《Encarta學院辭典》對「普遍原則」所下的定義是：「由許多情況所得到的敘述或結論，這些敘述或結論同時也適用於其他的情況。」換句話說，有些事情一般來說是正確的，但並非總是如此。我以特例來說明這個觀念。

例如，你可以說男人比女人強壯。這是一個正確的普遍原則，但是，某個女人有可能比某個男人還要強壯。這樣一來，你就得到了兩個互相矛盾的正確敘述。一般來說，男人比女人強壯（普遍），但是，瑪莎可以比山姆強壯（特例）。我們從小就被教導，替別人分類是一件壞事（不要給我貼標籤！你有偏見！你這個沙豬！），然而這樣的說法會阻礙我們正確思考，因爲，學會對人生加以歸納和整理，對你來說非常重要，也非常有幫助。只有當你將「普遍原則」套在「特殊狀況」上時，才會出問題。錯誤的思考模式是：一般來說，男人比女人強壯，所以瑪莎不可能比山姆還要強壯。山姆可能會對這種思維感到很不爽。正確的思考模式是：儘管一般來說男人比女人強壯，但瑪莎還是有可能比山姆還要強壯。你要能夠分辨出「普遍原則」與「特殊情況」的不同。

大多數的普遍原則是針對某一群人：運動員都很笨、啦啦隊員愛濫交、書呆子都很不成熟。這些說法可能是眞的，也可能不是眞的，就算是眞的，總還是會有聰明的運動員，不濫交的啦啦隊員，以及懂得人情世故的書呆子存在。你要記住，就算你所置身的群體並不能代表你的一切，別人還是會根據對這個群體的普遍印象來看你。這是瞭解人生很重要的一步，我們將會在第七章詳細討論這個部分。

就像你可以概括地看待群體一樣，你也可以概括地看待你的人生，並預期將會遭遇到哪些事情！你大概會從高中畢業，你大概會結婚。請記住，這些事一般來說會發生，但沒有人能保證它們一定會發生在你的身上。儘管如此，如果你知道自己可能會遭遇到什麼事，你就可以事先做好準備。颱風警報的作用就在於此。

最佳成功機會！

以打籃球爲例，我們來看看如何爲預期會發生的事情做好準備。

你可能擅長在某個地方投球，例如底線或是罰球線。我們可稱之爲「你的得分區」。在這些地方，你有最佳的進球機率，甚至，你可能是全隊中最能在這些地方投進球的人。這表示，當你們的球隊輸對方一分，而球賽只剩下最後五秒鐘的時候，你的教練可能會指示大家，想辦法讓你在你的最佳得分區投球。這代表你就一定投得進球嗎？錯，這只是表示，你、你的教練和你們球隊相信機率；每個人都在「最佳成功機會」上下賭注。他們知道即將發生什麼事（颱風警報），然後做了最有可能成功的決定（做好準備）。這個概念在人生中很重要，因爲在現實生活中，你每天都有可能要選擇對你最有利的方式來處理事情，以提高成功機率。預知將會發生什麼事，並知道該怎麼處理，可以讓你更成功。關鍵在於**預先設想**和**做好準備**。

預先知道事情發生的機率，可以幫我們在最佳得分區進球得分。如果你知道成功的機率，你就可以在人生中得到更多的分數，這代表了更多勝算、更多財富、更多樂趣和更多滿足。這個道理很簡單。在商業界，有一個概念叫作「反應時間」（reaction time）。也就是當你計畫要完成一項工作時（爲將要遇到的事做好準備），在計畫中加入反應時間。如此一來，如果發生突發狀況（每個計畫都有可能如此），你會提早知道，而且有足夠的時間可以做適當的應變——你有時間對問題做出反應，並決解問題。這個道理在眞實生活中也很好用！

【我有話要說】

我的未來在哪裡？

羅伯特，十八歲

神啊，請幫助我。我是說，人總是以為自己還有很多時間，但事實上，我不知道，事情就接二連三地發生了，然後，突然間，時間就沒了。我現在十八歲，還沒考上駕照。我本來可以在十六歲的時候就拿到駕照的，但是，學校的事和其他的一切讓我忙不過來，而且我老爸老媽似乎也不打算給我錢去考駕照，所以我想，再等一下吧，因為等到我十八歲的時候，我就不用去管這些了。但現在，每當我要我老爸老媽載我去某些地方時，他們就很火大，他們希望我去找個工作，然而我沒有辦法自己到就業中心去。於是，我繼續等待，我的朋友如果要去某些地方，他們會順道載我一程，但如果我想要去就業中心，他們的反應是：「免談！」我連請他們載我去的油錢都沒有，於是我又開始等待，我沒有工作、沒有錢、沒有車、沒有駕照，而每個人都問我：「你對未來有什麼打算？」我只能說：「我也不知道，老兄，我想我有的是時間和各種無限可能。」

時間對你並不利！

記住這個觀念以後，現在拿出你準備好的尺。（在本書一開始，我就要你準備的東西。如果你還沒有準備的話，請先翻到前面的清單，準備好這些東西，再繼續往下讀。）

好，現在你的手邊有一把尺。把這把尺放在桌上，讓每個人都看得到。我們要用這把尺來比喻你和你父母的人生。假設，尺上的每一英吋代表十年。整把尺代表了三百六十年。是的，很長的一段時間。假設尺的第三十六個刻度（最後一個刻度）代表現在，那麼尺的第一個刻度就代表了西元一六四三年，那時，英國的清教徒在普利茅斯（Plymouth

Rock）建立殖民地已二十年。（譯註：首批英國清教徒是在西元一六二〇年抵達北美洲，在普利茅斯創立殖民地。）第二次世界大戰大概在六吋的地方。我提這些事，是讓你對時間有個概念。我們在學校都曾經做過年表，但是，我猜你不曾想過你自己的年表，或是你的年表與家人的年表之間有什麼樣的關係。

現在，你的腦中一定有很多的電燈泡在閃！你知道的嘛，我們在卡通中常看到的，每當電燈泡出現後，主角就有新點子了。請你看著這把尺，思索一下，你的一生大概只有七、八吋長（七十到八十年）！這並不多。有些人可能有十吋長（一百年），但這種人很少。有些人在很年輕的時候就死了，就在一、二吋的地方。所以，你應該開始學習，該做些什麼，才能善用你這短短的人生。時間是不等人的。你已經用掉二、三吋的時光了，而你只剩下五、六吋可用。你的父母已經用掉四、五吋的時光了，他們只剩下三吋可用！哇！

這個認知對你應該很有啓發性，因爲在你的年紀（其實大概在四十歲之前），大多數的人都不去思索時間和他們的人生之間有什麼關聯。事實上，大多數的人都覺得自己不會死。死亡不是個愉快的話題，而我們的社會也不愛討論這件事，但這是人生中必定會發生的事。你待在這個世上的時間其實很短暫，有一句猶太諺語說得好：「你死掉的時間很久。」它的意思是，和你死掉的時間比起來，你活著的時間相形之下短了很多。

這種思維方式有可能會改變你的生活態度。幸運的話，你可能有七、八吋長的人生，而且，請記住，人生「不能重來」。更重要的是，沒有人敢保證你可以活七、八十年。坐上喝醉酒的司機開的車，你就可以和你的後半輩子說再見了。這裡，我有點離題，不過這是因爲我覺得人生實在是太珍貴了，因爲它有期限。但我們不需爲此感到沮喪、慌張，或是故意忽視這個事實。只要認清眞相就好，讓它成爲你行動力！

現在，我們來看看一般人的人生是怎麼過的。這樣做的目的是幫助你對未來的數十年有個概念。左邊這個表並不是很精確或很明確；它只是列出一般人在每個時期可能遇到或期望遇到的事情，讓你對自己的人生有個心理準備。

這個表所列舉出來的事情並不是很嚴謹，不過，它的重點是，你該思考些什麼、如何思考，以及這些人生階段之間的關聯是什麼。這些是大概會發生在你身上的事。這就是人生全貌。知道未來大概會發生什麼事之後，你就可以預先做好準備。你可以依照此表規畫人生，但是，我想要特別指出一點，除了知道未來會發生什麼事之外，在**對的時候**做對的事，也可以爲你帶來極大的益處。

時期	年齡	主題	期望
第一階段	(0-9)	像海綿一樣的大腦	你努力吸收這個世界上所有的訊息，並試著適應這個新環境。
第二階段	(10-19)	大家看我！	你已經找出自處之道，現在，你急著讓別人知道，你懂的有多麼多。「你們看我已經能做這些事了，我已經長大了！」
第三階段	(20-29)	獨立自主	你開始獨立生活，很可能會結婚、生小孩。
第四階段	(30-39)	家庭煉獄	你已經有了自己的小孩，你終於體會到你爸媽一直在講的責任是什麼。 累死人了！
第五階段	(40-49)	危機重現！	度過家庭煉獄後，你現在面臨的是中年危機，此時，你可能想要重回以前的獨立生活。這個階段最可能會離婚。
第六階段	(50-59)	成為祖父母	你的小孩也有他們自己的家庭了，你終於知道所有事情的答案，至少你是這麼認為！
第七階段	(60–)	等死	基本上，你只想用自己剩餘的人生，來做過去六十年沒做過的事。

大小確實有差別

我們大概都還記得小時候到遊樂園去玩的經驗，在搭乘雲霄飛車之前，要先量身高夠不夠高，於是，我們排排站在量尺前面，紅著臉、努力伸長脖子。園方對身高的要求顯然是基於安全與保險的考量，但是，身高也可以反映出我們是否已經夠成熟去面對這種刺激。

如果你的年紀還不夠就坐上大人玩的雲霄飛車，你可能會被嚇得半死，而且以後再也不敢玩了。爲了現實的安全考量，這個世界告訴你，你要年紀夠大才能去做某些事。這件事讓我們非常生氣，因爲我們總是覺得自己已經很大了。

記住這個人生道理：**你永遠比你自己所認為的還要小！**

時間關乎：你待在這個世上有多久、你的年齡，以及你有多大。你爲了要證明自己有多大，不斷地試著要騙過體制——踮腳尖來超過雲霄飛車所要求的身高、偷偷溜進戲院去看限制級的電影、偷開你爸的車，或是喝醉酒。你不斷去做一些社會認爲你還不夠大、不讓你做的事，藉此向別人證明，他們錯了。然而，你應該瞭解，當你試著去做超過你年齡的事，你通常做得很爛，而且會惹來一大堆麻煩。有些麻煩是因爲愚蠢而產生的，但如果你仔細想想，你會發現大多數的麻煩是由於你還沒有準備好而造成的（「我沒想到會這樣！」）。

生小孩是一個很好的例子。假如你等到二十五歲以後再生小孩的話，你成爲好父母的機率是最大的（最佳成功機會）。你的精力（你仍然相當年輕）、經濟能力（你的薪水相當不錯），以及經驗（你終於爲這種責任做好準備）配合得剛剛好。如果你在青少年時期就生小孩，你在各方面的情況都配合不起來。你的精力太旺盛、沒有錢、充滿「錯誤的」期待，以及沒有足夠的人生經驗。你不僅搞砸了你人生的這個階段，也搞砸了你人生的下一個階段。

若你在青少年階段生小孩，你就得放棄在二十歲出頭時初嘗獨立自主的樂趣，而且，還會毀了你的三十歲階段。當你三十多歲時，你終於有自己的時間了，因爲此時你的小孩已經不再那麼依賴你，正當你想要重拾錯失的享樂時光時，你發現你所有的朋友都有他們自己的家庭，而且對享樂不再感興趣——他們已經玩過（夠）了！

【我有話要說】

酷過頭

康納，十七歲

我記得那傢伙，他是個大一新生，個子瘦瘦小小的，看起來很虛弱的樣子。他想加入網球校隊，於是，就一個人來了，沒有人認識他，也沒有人去注意他。但是他打得很好，他的發球強而有力，而且什麼球都接得到。然後，我們開始練球。譚納教練要卡爾和那個傢伙對打，而卡爾是校隊裡最好的球員之一。那個傢伙把卡爾打得落花流水，不論是直球還是高吊球，他都很厲害。當球季開始時，譚納教練把那個傢伙放在校隊的單打第二順位。那個傢伙打得很好，而且贏了不少比賽。我有點氣他，因為我已經大二了，而我只能進第二校隊，可是，他真的很厲害。

球季結束後，大家都回歸正常的生活。隔年，我們又回來參加校隊的甄選，這次多了好幾張新面孔，有些是大一新生，有些是轉學生。我家附近新蓋了一個很大的社區，我猜有許多人搬來這一帶。

那個傢伙還是很厲害，但是，這一年新來了好幾個厲害的角色。我很失望，因為我想我大概又只能待在第二校隊了，而我真的很想進第一校隊。每個人的實力都很強，經過甄選之後，有好幾個前一年的校隊隊員被刷下來。那個瘦小的傢伙還是被選上，不過，不是在第一校隊，而是第二校隊。這次我被刷下來了，我很難過。

後來，我得知那個傢伙因為沒有被選上第一校隊而氣炸了，一氣之下，決定退出校隊。我之所以會知道這件事，是因為譚納教練打電話給我，要我遞補他的空缺。這真是個好消息，因為我真的很想加入校隊，即使不在第一校隊，至少還是在校隊。

每當我想到那個退出校隊的傢伙時，我都會為他感到難過。他真的很厲害，而且，他還是有可能在大三時重回第一校隊，不過，我想他大概自視太高了。我是說，假如他大一時加入的是第二校隊，那麼，要他在大二時仍待在第二校隊，他大概可以接受。現在，因為他先加入的是第一校隊，於是他就覺得第二校隊遜斃了。

他退出校隊之後，我曾在校園裡看到他和一群壞孩子在一起，我覺得這件事改變了他的人生。我是說，他真的很會打球，而待在校隊是一件很棒的事，但是他將這件事視為一大挫敗，也許從此以後再也不打網球了。這樣真的很糟糕。

時光飛逝

縱觀你的一生，在對的時候，依照對的順序，做對的事，這是一個很好的策略。如果你把一切都打亂、胡搞，這樣不僅會砸了你現在的人生，也會毀了你的未來。這個原理適用於各種情形。當你十七歲的時候，好好做個十七歲的青少年，不要去做二十歲的事！因爲你一定會做得很糟，而且，當你眞正二十歲的時候，你又要做些什麼呢？

現在，再回到那把尺。請想一想，你的父母之所以不讓你做某些事，是因爲他們希望你按照順序成長，希望你在對的時間做對的事。你很氣他們這樣對你，因爲你覺得自己已經長大了，而他們卻一點也不瞭解你。這樣的衝突往往會讓你破口說出：「你在我這個年紀的時候，也做了和我相同的事，而你現在也很好啊！」

讓我們暫時拋開直覺來思考。記住，事情並不如你一開始所想的那樣。小孩子總是用「你後來也沒出什麼問題」以及「別人也是這樣」的前提來思考。捫心自問，這和你有什麼關係。愛因斯坦小學的時候數學不及格，所以，如果你的數學也不及格，這代表你會成爲另一個愛因斯坦嗎？不會！你的人生只屬於你一個人，和其他人毫無關係。不要管別人做了什麼，或是他們的父母允許他們做些什麼，你的父母對你設下的種種限制（你不能做的事），是爲了要讓你有最佳的成功機會——在對的時候，做對的事！

放輕鬆一點，不要急著在自己還沒有準備好的時候動手；即使你認爲自己已經準備好了。你應該將精力用在爲你將來會遇到的事做準備，而不是忙著去做所有的事！這就好像是洗車一樣。如果你先花一點時間規畫，把所有的工具都準備好，然後再開始洗車，那麼你一定可以很快就把車子洗乾淨。我們爲什麼不將這種方式應用在人生上呢？花一點時間思考與規畫，你會發現自己不再像無頭蒼蠅一樣漫無目標。你的父母要幫你的就是這個。他們在這個世上比你多待了三、四十年，因此，他們對人生的洞察比你清楚。他們也還記得自己年輕時的樣子。對現在的他們來說，時光飛逝的速度比他們年輕時要快很多，請記住這件事，這對你有好處。

我們都知道一年有三百六十五天（潤年除外）、一天有二十四小時、一小時有六十分鐘、一分鐘有六十秒，可是，我們對時間的「感覺」並不是這樣。我們對時間的感覺，和我們在地球上待了多久有關。當你三歲時，一年相當於你人生的三分之一。當你三十歲時，一年僅僅是你人生的三十分之一。三十分之一比三分之一小了很多，所以，時間的流逝似乎愈來愈快。一年在你一生中所佔的比例愈來愈小。當你十五歲時，一年相當於你人生的十五分之一，但是，此時的你已經有這個智慧知道，你大約還有六十年的時間。問題是，你認爲在接下來的六十年，每一年都和你剛過的那一年一樣長嗎？你認爲你還有六十個十五分之一的人生嗎？**時間的腳步愈來愈快**。請好好思考這個問題。

當你的父母說「明年再說吧！」時，你覺得那還要好久才會到，但對你的父母來說，其實並沒有那麼久。你必須要想想「父母的時間感」，而他們必須要想想「年輕人的時間感」（就好像是在換算狗的年齡一樣）。要知道，對你來說，時間會過得愈來愈快，每一個「明年」會來得愈來愈快！

Life is not fair 重點整理

要看見人生的全貌，也就是眞正瞭解你要怎麼過你的人生，你必須先知道幾件事：「普遍原則」是怎麼一回事，還有，它在什麼情況下適用，什麼情況下不適用。找出你的最佳成功機會在何處，以及該在什麼時候使用這個優勢。你要知道自己在未來大概會遭遇到什麼事情。當你思考人生的全貌時，你要考慮到你的時間表和你的「期限」。你要思考，你在人生的每個階段（每個十年）要做哪些事，然後，耐心地按照順序一一去完成這些事。要記住，你永遠都不像自己所想的那麼「大」！一旦你能從這個角度來看人生，你很快就會知道自己該做什麼事。你該做的事，就是爲自己即將會遇到的事做好準備。看見人生全貌是自我「成長」的第一步！

現在，請你花一點時間討論以下這些問題：

- □ 你對「普遍原則」有什麼看法？你能舉出幾個例子嗎？
- □ 你的最佳成功機會在哪裡？也就是你最擅長的事情是什麼？
- □ 你對七、八英吋長的人生和人生期限有什麼看法？
- □ 你知道我們爲什麼要在對的時候做對的事嗎？
- □ 你能理解「急著想長大」是一件很愚蠢的事嗎？
- □ 你能體會時間的腳步會隨著你長大而走得愈來愈快嗎？

Lesson 3

重點不在船的大小，而是海上的浪濤！

擁有什麼不重要，而是看你如何利用

船的大小這個說法是來自一個和「性」有關的老笑話。女人戲謔地用這種方式來討論男人的「裝備」。但這句話其實有更深層的人生意含。它眞正要傳達的是：「重點不在於你擁有什麼，而是你如何利用。」這是一條非常重要的準則。我以這句話爲標題，只是爲了要讓你對這個道理印象深刻。

你無法教豬唱歌：這只會讓你挫折，同時讓豬抓狂！

有一個很重要的人生哲理是你該知道的：善用不良的工具，比亂用好工具能讓你得到更多。換句話說，對一個好的工藝家來說，只要他具備技巧和創意，即使只有一套不甚精良的工具，也能做出美好的作品。那些令人讚嘆的古文明遺跡，其實都是用比石器時代進步不了多少的工具創造出來的（去看看古埃及、希臘和羅馬的藝術展覽就知道了）。同樣的道理，如果你把一套全世界最精良的工具交給一個白痴，他也只能做出一些亂七八糟的東西。把精良的工具交給最棒的工藝家，連心臟瓣膜移植手術都不成問題。當你弄清楚這點之後，你就會瞭解當個好的工藝家有多麼重要了。我這裡所指的工具，不是實際的工具，而是你的大腦。沒錯，你可以鍛鍊你的思考技巧。只要稍加練習，你就可以比那些比你聰明、但不懂得有效運作自身才智的人還要有成就。這就是從現有的資源中獲取最大的利益。如果你夠聰明的話，就可以事半功倍——而聰明並不是件那麼難的事。

【我有話要說】

尊重

凱文，十九歲

我還記得，在我高中快畢業時，我對自己的人生作了一番思考：我要往哪裡去，我會遇到什麼事。然後，我突然發現我不太明瞭這個世界是怎麼回事。那就像是你本來以為某件事很簡單，但突然發現它其實對你的人生會產生很大的影響。我得到的領悟是，每個人最在乎的只有一件事，那就是尊重。這是人生的真理。假如你四處看看，你會發現，每個人都在很努力地做一件事，那就是獲得別人的尊重。不論是行為舉止、做事方式、工作、交友，所有的事都和尊重有關，也就是讓你重視的人尊重你。

我有如大夢初醒一般。我知道人們是受到愛、恨、性、貪慾等的驅使而做事，但是，這些因素的背後都有一個共同的元素，那就是尊重——你付出什麼，就得到什麼。我在腦中思考著這些問題，然後，我發現了另外一件事，一件更重要的事！人生中最重要的，不僅僅是尊重而已，當你慢慢成長、逐漸變得成熟時，尊重的事物會改變。在成長的過程中，人們的價值觀會改變，當價值觀改變時，他們所尊重的事物也跟著改變了。高中的大孩子最在意的事，是夠不夠酷、受不受歡迎、外表怎麼樣、交了什麼朋友、開什麼車這類的事。當你高中畢業後，你會發現，人家一點也不在乎你到底有多酷。他們看重的是你做了什麼事、你選擇什麼工作，以及你是否在自己所努力的事物上獲得成功。這就好像是，你本來在玩某個遊戲，但突然之間，所有的遊戲規則都改變了。高中時逃學也許會讓你顯得又酷、又帥，而且引人注目，但是現在，蹺班只會害你被炒魷魚。

高中時，什麼人、什麼事都不管，只要一味耍酷，就可以成為受歡迎的人，但在現實世界中，如果你什麼人、什麼事都不在乎、不關心，別人也不會來理你，因為每個人都有正事要忙。領悟到這些人生真理是我人生中重要的一刻。就好像是突然間福至心靈，然後我就懂了。又好像是在解代數問題，你突然解開了本來不會做的習題，這時，你反而不知道自己之前為什麼會解不出來了。

如果你要變得聰明，從現有資源中獲得最多獲益，你就要能夠看出什麼是該做的事，並找出做這些事情的方法。我看過一個電視節目，內容是關於埃及的金字塔是怎麼蓋起來的。這個節目請了一位來自俄亥俄州、技術高超的現代石材師傅、一位從名校畢業的結構工程師、一位埃及古物學者，以及好幾位對埃及非常瞭解的專家，請他們運用古埃及人所使用的工具，在一小塊地上建造一座三十吋高的金字塔。幾個星期過去了，這些專家經過多次討論，仍然無法完成這個簡單的任務（相較於那些三千年前建立的高聳入雲霄的金字塔）。古埃及人非常瞭解自己該做什麼事，也懂得找出怎麼做這些事的方法——從現有的資源獲得最大的成果！

不論你要去哪裡，你在那裡！

現在，讓我們拿出你的尺。首先，你要先知道自己是誰、身在何處。拿出你的尺、軟木板、大頭針和筆。用大頭針穿過尺上的洞，將尺固定在軟木板的中央；尺就會像時鐘上的指針一樣，可以轉動。找出五吋的位置（隨便選的數字），用筆將這個刻度標在軟木板上。假設這個位置是你父親出生的那年。假如他現在是四十五歲，那麼他就已經過了四

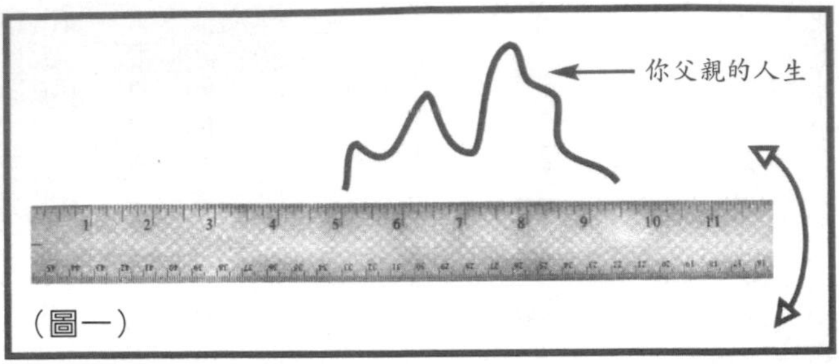

（圖一）

點五公分的人生（每一公分代表十年）。這條四點五公分長的線並不是一條直線，因爲他生命中的每一個人，都會改變他前進的方向。現在，請你一邊用筆沿著尺、從五吋處往前畫到九點五吋的地方，一邊慢慢地隨意擺動你的尺。（見圖一）

把尺移開，看看你所畫的那條彎彎曲曲的線。這條彎曲的線代表你父親到目前爲止的人生。現在，把筆指在曲線上八吋的位置。假如你是在你爸三十歲時出生，這個點就是你的起點。現在，用同樣的方式，一邊擺動尺、一邊將筆從八吋的地方畫到九點五吋的地方（或更長）。這代表了你的人生。（見圖二）

如果你有興趣，你可以把兄弟姊妹和母親的曲線都畫出來。這些線條代表了你的家庭成員到目前爲止的人生。

這些代表什麼呢？首先，就像指紋一樣，沒有兩條線是完全相同的。這些曲線不會在同樣的地方開始，也不會朝同樣的方向前進。如果你的板子夠大，你可以爲世界上所有的人各畫一條曲線。如果你認爲人類的近代文明約有三萬年，那麼你可以用三千

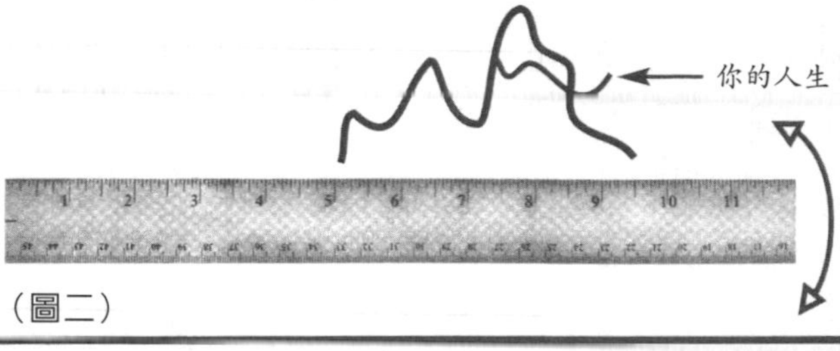

（圖二）

吋長的尺，來爲每一個人畫一條曲條。現在，讓我們想像一塊像足球場一樣大的板子和尺，然後，想像一下你那一點五吋的曲線在這個足球場上看起來會是什麼樣子。現在，你應該可以很清楚地知道，你在茫茫人海中，處於什麼樣的位置。你佔不了多少空間。請記住，沒有任何人會在同樣的位置、同樣的時間出生，即使是雙胞胎，在他們出生之後，也會朝稍微不同的方向前進。

從這裡，你可以學到兩件事。第一，對一個足球場來說，一條七、八吋長的曲線是相當、相當短的。所以別把自己看得那麼重要了！第二，也是比較重要的一件事，那就是這個觀點可以幫助你擺脫不斷想要和別人比較的欲望。

我這裡所指的，是所有年輕人最愛說的兩句話：「當你年輕的時候，你也……」或是「吉米的情況比我還要糟」。不要再這麼做了。這是一種很糟的思考方式，也是一個很糟的邏輯。沒有兩條曲線是相同的，任何比較都是無意義的！每個人的出發點都不同，而且朝不同的方向前進（因爲每個人所遭遇到的事情都不同）。如果你要拿自己和吉米比較，那麼爲什麼不拿你自己和耶穌基督或是拿破崙比？這兩者的意義是相同的。你是巨大足球場中的一條獨一無二的小曲線。你也許不喜歡這個觀點，但這就是現實。你愈早接受這個觀點，你就愈有機會讓**你的**曲線變得與眾不同且精采豐富。如果你能瞭解自己是獨一無二的，那麼你就能從現有的資源獲益最多，這就是本章的主旨。

連連看

我們還可以從這個練習中得到另外一個眞理，並將這個觀點與你的世界觀結合在一起。這個觀點可能不太討喜，因爲它談的是義務，而沒有人會對義務感興趣。想像一下這個畫滿了各種曲線的巨大足球場，然後，你可以從你自己的曲線往回追溯到這個足球場上的第一條曲線。你在你父親曲線中間的某一點出生，並從此展開自己的曲線。同樣的道理，你父親的曲線也是從他父親曲線中的某一點開始，以此類推。現今全世界六十億人口的曲線，都可以追溯到歷史上的第一個人類，這條追溯的線不會間斷。你所回溯連接的每一條線，都代表了一個綿延不斷的生命。如果某人在生小孩之前就死了，那麼他的基因就從這個足球場上消失了，例如那些對凶猛的老虎反應不及的人，或是沒有爲寒冬儲糧的笨蛋。

你是在前人的努力奮鬥之下，才得以存在的。爲此，你多少有義務要讓你這條線延續下去，而且要好好地延續下去。這就好像是場接力賽，前人在這三萬年來不知道歷經什麼樣的努力，才得以將你的基因接棒到你的手上，你是眾人努力的成果。你的所作所爲、你的人生成就，以及你所創造的另一條曲線，都是前人努力的結果。如果你願意，你甚至可以將曲線追溯到地球上的第一個生物。六十億年的生存奮鬥造就了你的出生。你不僅對自己或是父母有義務，你還對所有前人的血汗有義務。

不要以為水面平靜就沒有鱷魚

爲了要讓比喻更生動些，我們現在把足球場想像成一片海洋。你的小船從你父母的大船上被丟到海面。試想一下，你那艘一點五吋的小船在大海裡會是什麼樣的景象。我們都是汪洋大海中的一艘小船，每個人的船由於下水的時間和地點不同，而有所差異。有些人比較幸運，他們的船又快、又安全、又時髦（也就是那些聰明、強壯、出身好的人），有些人則沒有那麼幸運，他們的船是破破爛爛的（也就是那些反應沒那麼快、沒那麼強壯、出身差的人）。

當你從這個角度來看事情時，你就更沒有理由要處處和別人比較了——每個人在不同的地點、時間，利用不同的工具，往不同的方向前進。你的小船打從一開始就是獨一無二的。

我們再回到「人生是不公平」的主題。在這片海洋上，有些船比較差，有些船比較好——想像一個在赤貧家庭出生的殘障兒，和比爾·蓋茲的小孩。這個海洋上有千千萬萬艘不同的船，總共有六十億艘！我想要說的重點是，不要再抱怨你的船或是你下水的地點不夠好了。你的人生從哪裡開始，以及你擁有哪些裝備，都不在你的控制之內。有些人與生俱來的資源比較多，而有些人比較少，這又怎樣！

但是，你可以決定自己的小船要開往哪裡，以及怎麼做才能讓小船更好。不論你在做什麼，你都要時時刻刻記住這件事！**你所做的每一件事，不是對你的船有益，就是有害**。這是人生的眞理。你唯一擁有的是你的小船，而且你只能擁有它七、八吋的時光。所以，好好照料你的船吧。

從現有資源中獲取最大利益的方法，是清楚地瞭解自己該做什麼。就好像是一個飛行員在進入駕駛艙之後，會先檢查飛機的狀況。你也一樣，你應該先檢查一下你的船。好好地看看你自己，看有哪些部分是需要注意的。

我不相信有哪個人會眞的認爲自己很完美，所以，總有某些地方是需要改進的，這是最酷的部分。**你必須先要有一個目標**，然後才知道自己該做些什麼。注意，就和飛行員或是船長一樣，如果你不打算前往某地的話，檢查或修理動作就一點意義也沒有了。

所以，你是自己命運的主人，這是你人生中第一次自己做決定。不管別人怎麼想，他們都不能強迫你往哪個方向開去。是啊，你的父母或老師可能會告訴你做這個、做那個，但是，不論他們再怎麼囉唆，都不能強迫你，而且他們要去的地方，和你要去的地方絕對不相同。

這是你的船、你的曲線，你要去哪裡，完全由你自己決定。這件事似乎很大條，而且很嚇人，天哪！我這一生該完成什麼「使命」——當總統、太空人，還是職業美式足球員？有許多人爲了這個問題猶疑不決。毫無疑問，我們每個人都覺得自己重要得不得了。事實上，我們覺得自己大概是全世界最重要的人了，也以爲自己必定有著某些非常重要的目標或使命。

你想太多了！事情沒這麼沉重。就像毛主席所說的：「千里之行，始於足下。」重點在於，你的每一份步伐都要朝著你所要的方向邁進。

把人生想像成一連串的航班，一趟把你帶到目的地的旅程。如果你想要過著不虞匱乏的生活，那麼你就必須要有一份薪水不錯的工作。如果你想要有一個薪水不錯的工作，那麼你就要接受能力所及最好的教育，因爲這樣才有比較好的機會得到薪水不錯的工作。爲了要接受最好的教育（進入好的大學），你必須在高中得到好成績。爲了要得到好成績，你必須要努力完成下個星期要交的作業。爲了要讓作業得到好分數，你最好及早完成讀書報告，這樣你才有時間爲星期五的考試作準備。

你可以先設立一個大方向的目標，然後將這個目標化分成愈來愈細的小目標，直到你知道自己明天該做些什麼。你明天要往哪裡去？你前進的方向是離你的目標愈來愈近，還是愈來愈遠？**這個問題就是讓你能夠從現有資源獲益最多、最能幫助你改善小船狀況的關鍵**。

不改變方向，到達的地方就不會改變

想像一下，你獨自一人在南太平洋（或是任何一個你喜歡的海洋）的一艘小船上。

你會去注意自己在做哪些事嗎？你會去瞭解手邊既有的資源、船的現狀，以及你要往哪裡去嗎（最重要的一點）？

我希望你會！

現在，突然間，有一艘比你更大、更老的船向你駛來，這艘船上有一個老經驗的船長，他已經在海上航行四、五十年了。這位船長向你大叫：「嘿，你應該往那個方向去，那裡有陸地可靠岸，我來幫你看看你的舵，上面的螺栓好像鬆了。」

此時，你會認爲這個人是個混蛋嗎？我猜，你大概會很高興，因爲有人跟你做伴，而且你大概也會馬上去檢查舵上的螺栓。你大概也會問他陸地離這裡有多遠、要到達那塊陸地有沒有什麼訣竅。

這與自尊無關，這只是個常識，特別是當你們都獨自在海上航行的時候。而當你身陷險境時，你會慶幸有人願意幫助你。我跟你說，要獨自一個人在現實世界中生存是一件很困難的事，各種壞事都有可能在這個世界上發生。相形之下，南太平洋就顯得一點也不危險了。

【我有話要說】

上岸

班，十七歲

有一次，我爸用他的船載著我弟、我妹和我到位於加州南方的卡特里納島去玩。那是好久以前的事了。我們靠了岸，把船停好。這個島沒有碼頭，你必須把船綁在一個浮筒上，然後搭船上的救生艇到岸上去，不然，你也可以搭水上計程車。我們在船上玩，游泳、釣魚，然後我爸叫我們準備一下，因為他要帶我們到岸上一家義大利餐廳吃晚餐，接著我們就搭了救生艇上岸。岸上風光很不錯，那家餐廳也很棒。

我們一邊吃飯、一邊聊天，這時，有一桌的客人一直看著我們，他們其中有一個人拿了一瓶酒給我爸，她對我爸說，我們一家人看起來和樂融融，還說了其他這類的話。我爸向她道謝，然後我們繼續吃晚餐。我們吃完晚餐時，我爸也把那瓶酒給喝光了，我猜他那時有點醉了。我們離開那家餐廳，並在附近散步，那時大約晚上十點鐘左右。

我爸叫我們先搭救生艇回船上，他還要再去喝一點酒，他晚一點會回船上。他告訴我們，我們可以用無線電的第九頻道與外界聯絡，還教我們怎樣與港口巡邏隊聯絡，他要我們乖乖待在船上看錄影帶。於是，我們回到船上去看電影，然後，我妹突然覺得不舒服。她說她很想吐，我們把她帶到船邊，她開始大吐特吐。

我和我弟不知道該怎麼辦，我們想出了一個爛點子，決定要搭救生艇上岸去找我爸。船的四周很暗，我們上了救生艇，並告訴我妹不要擔心，我們馬上就回來。就在我們出發幾分鐘之後，突然間，有一道強光照在我們身上，有一個人用擴音器問我們在幹什麼。這個人是港口巡邏隊的隊員，我們告訴他發生了什麼事，並告訴他，我們要去找我爸。他問我們，我爸是怎麼交代我們的。我們回答說，我爸要我們待在船上等他回來。巡邏員又問，我們為什麼不待在船上等我爸回來，我和我弟面面相覷，不知道該怎麼回答。他要我們回到船上去，並告訴我們，如果我妹還是覺得不舒服的話，可以用無線電與他聯絡，於是，我們回到了船上。

當我們回到船上時，我妹已經覺得好多了，但是，我弟和我仍然覺得應該做點什麼事，於是我們就用我爸的手機打電話給我媽。我媽本來就不太喜歡船，而當她知道我們獨自在船上時，差點抓狂。不久後，我爸回來了。我們什麼事也沒有告訴他。

接著，我爸的手機響了，是我媽打的，她向我爸大吼大叫——連我們都聽得到她的吼叫聲。我爸跟我媽剛離婚，他們處得不太好。我爸講完電話之後跟我們說，我們應該要告訴他，我們曾經打電話給我媽。

我們從卡特里納島回來之後，我爸媽的離婚律師把這件事搞得很大，而情勢對我爸很不利。現在回想起來，我爸讓我們自己回船上也不是什麼大不了的事，我是說，我們都很大了，而且去過那裡很多次了。如果我們乖乖待在船上，事情就不會變得這麼大條，但是，我弟和我滿腦子只想到該做點事，結果卻把事情搞砸了。我們所做的事真的很蠢，而且還為我爸惹來很大的麻煩。所以，有時候，別人告訴你該怎麼做，而你往往自作聰明，不願照做。其實你什麼也不懂！

別人對於你的人生方向所給予的忠告，你應該視爲一個很好的禮物，因爲那些忠告可以幫你從現有的資源獲益最多。畢竟，是要接受還是忽略那些忠告，完全由你自己決定。聰明的做法是仔細聆聽所有的忠告，並提出問題。如果有不懂的地方，一定要追根究柢。想像一下你會問那艘大船的船長什麼問題。要花多少時間才能到達目的地？用什麼方法可以最快抵達？有沒有更好的地方可去？有沒有哪個地方是比較容易到達的？海平面之後有什麼東西？當你開始從這個觀點來想事情，你的人生會在突然之間被照亮，你終於看清了自己前進的方向！

這個道理應該不難理解，這就好像在競走比賽或是其他這類的比賽中，你從哪裡開始，或是你在一開始擁有哪些資源，一點也不重要，重要的是，你是怎麼完成這場比賽的。人家才不管前面幾圈是誰領先，重要的是你最後得到第幾名。事實上，你一開始的表現愈差，你贏得比賽時的成就就會愈大。你難道不喜歡那些後來居上獲得勝利，或是帶傷上場的選手克服一切並贏得勝利的故事嗎？爲劣勢者加油打氣的習慣深植在我們的文化之中，而這是有原因的。許多人，事實上是大多數的人，都是從劣勢出發，我們喜歡爲自己能夠認同的人加油。

但從另外一方面來想，爲劣勢者加油打氣，同時也表示我們鄙視優勢者——那些擁有特權或是得到額外幫助的人。在所有的動作片中，這些人就是片中英雄人物所要對抗的人。英雄人物雖然在影片一開始的時候處於劣勢，但是他往往能克服種種困難，並且在最後戰勝那些在一開始佔盡優勢的人。眞實的人生也是如此。我們對含著金湯匙出生的人感到忿忿不平，因爲當別人擁有許多資源或幫助，而我們卻沒有時，我們會很生氣。這是一個錯誤的觀念。

我們對這件事該有的逆向思考是，那些佔有優勢的人也有他們的問題。有兩件事對他們不利。第一，他們有很大的壓力，一定要成功。他們擁有很多資源，人們自然對他們有很高的期望。第二，即使他們贏得勝利，那也不代表什麼。不論他們有多麼成功，人們的反應是：「這又怎樣？他們當然會成功，因爲他們搶盡優勢！」

我提及這個逆向思考，是爲了要告訴你，你所遭遇到的任何劣勢或困難都有其積極的一面。假如你一開始駕駛的是一艘又破又小的小船，而你最後卻擁有一艘又時髦又大、停泊在美麗港口的遊艇，這樣的結果不是更加甜美嗎？這個船的比喻也許有些太過了，但這是一個看事情的好觀點。當然，我的重點並不在於船或是物質世界，不是全然物質層面的東西。

人格：當沒有人看著你的時候，你的所作所為

我們來談談一個抽象的東西——人格。你比較想和哪個人在一起：擁有一艘時髦大船但卻不知道該怎麼開船的有錢混蛋船長，還是本性善良、經驗豐富的老水手？你的小船可以讓你保命，但是，要在人生中得到別人的尊敬，你得靠航海技術，也就是你的生存之道，換句話說，就是你的人格。人們喜歡人格高尚（有榮譽感、正直、有同情心）的人，並且尊敬他。不論你這輩子賺了多少錢，你還是得靠人格來贏得別人的尊敬。當你正在思

索自己要往哪裡去，或是該做哪些修正時，不要忘了這一點。

新英格蘭每年都會舉辦帆船比賽，只有全美國最優秀的佼佼者才能獲邀參加這場比賽。想像一下這個場面：參賽者乘坐又大又漂亮的賽艇破浪而行。這比賽最酷的地方，就是每位船長只能靠自己一個人，用一艘小艇，靠航海技術來競賽。重點不在於船的大小，而在於海上的浪濤，也就是你怎麼運用手邊的資源！

我眞正想要講的重點是，大多數的年輕人總是抱怨事情有多困難，顯然他們希望事事順遂、不費吹灰之力地過一生。等我們領悟到努力才是人生中好玩的部分時，通常爲時已晚。回想一下你所聽過的人生際遇，最棒的故事往往都是以努力奮鬥爲主題，很少故事講的是他們有多輕鬆就達成目標。**在人生中創造一些可以向別人講述的好故事，並心甘情願地努力達成目標**！找出自己的目標，知道自己需要什麼指引與該做什麼事才能順利地達成目標，這才是最重要的事。等你過完了屬於自己的七、八吋光陰之後，你才會知道，**最重要的不是結果，而是過程**。這是一個很重要的人生眞理！只要你懂得這個道理，一切就會水到渠成。

你對自己的目的地愈有概念，也就是當你知道自己想要在未來的五年、十年、二十年過著什麼樣的生活時，你會發現，只要你時時留意自己的航海技術（領航能力）以及船隻的現況，那麼要達成目標並不是一件太困難的事。一定要對自己誠實，自我欺騙、安慰自己一切都會沒事，最後只會一場空。還有，不要忘記規畫好備用計畫。天有不測風雲，你將會發現，有很多時候，你會慶幸自己事先準備好逃生路線。

Life is not fair
重點整理

你該如何從現有資源中獲得最大利益？首先，也是最重要的一點，不要把自己看得那麼重要，你只不過是汪洋大海中的一條小船。雖然你的小船在一開始的狀況並不是很好，但是，你可以學習善用手邊的工具，人生的道理不過如此而已。想一想你的曲線是如何和其他的曲線連接起來的，然後深吸一口氣，你一定要成功，而且要盡自己最大的努力。你是眾人努力奮鬥的成果，許多曲線歷經種種苦難才讓你得以存在於這個世上。

你必須要好好地檢視你的小船，並想一想該怎麼做才能改善它的狀況。記住，你所做的每一件事，不是對你的小船有幫助，就是有害。你必須要好好思考你想要去哪裡，以及朝什麼方向前進才能到達這個目的地。不要設定空泛不實的目標或是期望。只要設定一個大方向，然後將目標化分成許多小單位，以一週或一天能完成的工作爲一個單位。

一日開始這麼做之後，你就必須留心你的航海技術，並思考自己要怎麼「過這一生」。你必須要觀察自己是怎麼過每一天的，你所過的每一天，是讓你離你的目標更近，還是更遠？你將會由於自己的辛勤努力與所得到的回報而深感滿足。只要你這麼做，你就可以擁有一個令自己滿意的人生。和那些一出生就擁有比你更多資源、卻不肯努力的人相較之下，你一定會比他們更爲成功。這是世界上最甜美的禮物——當別人都失敗的時候，你卻可以贏得勝利成功。

現在，請你花一點時間思考以下這些問題：

□ 你認爲自己的人生曲線長什麼樣子？

□ 你覺得你的小船在一開始的狀況如何？

□ 你對人生的公平與不公平之處有什麼看法？

□ 你可以找出自己的小船有哪些地方需要改進嗎？

□ 你知道該怎麼把大目標化分成小單位嗎？

□ 你所做的每一件事，會讓你離自己的目的地更遠，還是更近？

Lesson 4

不要相信自己編織的藉口！

誠實面對自己，找出自己想要什麼，該做什麼

Life is not fair Life is not fair Life is not fair

人生有一項重要的課題，就是決定事情的優先順序。優先順序指的是該做些什麼事，以及在什麼時候做最好。「什麼時候」是個關鍵。要找出自己該做什麼事（才能順利達成目標）很難，而要知道該在什麼時候做這些事，更是難上加難。很多時候，你會發現自己雖然做對了事，但是做的時間不對，而這總是讓事情變得更棘手。就像你最好別選在日落的時候去修理船的推進器，因爲要摸黑修理東西可不容易。

本章所要討論的，是如何找出該做的事（尋找改進船隻狀況和航海技術的方法），以及該在什麼時間做這些事。不論你本身具有多少潛能，漫無目標地過一生是無法激發潛能的。要找出該做什麼事，你必須非常小心，不要落入自己編織的藉口裡。

當個好的管理者

「不要相信自己編織的藉口。」這句話也是商業用語，主要是對年經經理人說的。爲了妥善管理事情（管理你自己的人生，你在自己的小船上所經歷的旅程），你需要做一些決定——我該做這個，還是那個？做決定的最好方法，是先取得你所需要的所有資訊。資訊的正確性，會影響你的決定品質。當然，有時你可以靠運氣幫忙，但是，如果你要把自己的職業生涯或未來押在你做的決定上（事實上，人生就是這麼一回事），你最好學會如何好好蒐集正確的資訊。

所謂「管理」就是做正確的決定，它也與決策的品質、表現、認眞執行、達成目標有關。經營企業和培養興趣不同，經營企業要有明確的目標。當你在航行時，你需要有非常明確的目的地，同樣的道理，企業的經營目標，是要讓營業額或利潤比過去成長。這個單一目標導致管理者必須要做決策，並且要將決策的結果和不同的人溝通。你必須要向每個人報告你做了什麼事，以及事情進行得如何了。你必須要向大家報告結果是好是壞。

每個人最想知道的，就是「事情進行得如何了？」。在商業界，每個人都很在乎這件事，不論是股東、員工、供應商（賣東西或提供服務給這家公司的人）、客戶、國稅局等等。不論你是哪個部門的管理者，只有你能夠清楚告訴別人你的部門狀況。而不管你再怎麼努力避免，你還是會爲「事情進行得如何了？」這個問題編織出一套說法，好讓自己看來很棒，這就是人性。這麼做並不一定就是說謊，它只是將事實稍加處理，讓好消息顯得更好，讓壞消息聽起來沒那麼糟。這顯然已經是我們的一種習慣。

你的說法可能與事實相當接近，或是相去甚遠。老經驗的人知道要根據某個人的說法習慣，對他所做的報告打折扣。這是人生的眞相——只要有人問起「事情進行得如何了？」，你就會編出一套說法，而且有時候還會有不同的說辭。面對下屬時，你可能說得比較誇大，而你給老闆和給供應商的說辭一定也不同。多複雜啊！

這個現象不只在商業界，也會出現在我們的生活當中。你常會聽到人家問你說：「一切都還好嗎？」或是其他這類的問題。這個習慣深植在我們的文化中。對於這個問題，我們的回答永遠是：「還好，一切都還好。」一切**真的**都那麼好嗎？就是這樣，才會有成績單的出現，成績單上有直截了當的資訊，不含任何一點的扭曲。因爲它所呈現的不是「含糊」的資訊，如「好」、「不好」、「還不錯」，而是直接的數字，你得到的總平均是七十分，事情就是這樣了，清清楚楚。企業的成績單叫作「損益表」。如果你要爲這些資料找理由（特別是當數字不好看的時候），那就叫做「藉口」，藉口只能撐一段時間，但不是永久。

看著目標前進

很多人都因爲相信自己所編織的藉口，而掉入陷阱之中。原因是，當你一再重覆同樣的說法時，你會慢慢以爲這就是事實，而一旦你相信這是事實之後，你就會根據那樣的想法來做決定，但那卻是不正確的資訊，然後一切就完了。**絕對不要相信自己所編織的藉口**！有一個很容易辨識的警訊：當你開始覺得一切都很好時，那就表示你已經開始相信自己所編織的藉口了。

有一個很好的方法可以幫你杜絕這樣的習性，你可以想像你在爲自己工作。想一想，你對於自己所做的事，是否感到滿意？還是你打算開除你自己？

不要忘了，你是汪洋大海中的一條小船，**一切都很好是不可能的，外面的世界危險極了**！總有一些事是你可以做的，可以做得更好的。所以，當你覺得自己已經完成某件事時，再花點時間自我反省一下：你做得很好？還可以？還是很糟？畢竟，這是你自己的小船！

這和管理自己的人生有什麼關聯？它表示，你必須學著替自己打成績，而且成績單上只有直截了當的資訊，沒有任何的加油添醋。你的成績單應該每天、每小時、每分鐘都發一次，而上面最重要的資訊是，你離你所設定的目標愈來愈近？還是愈來愈遠？也就是說，你的決定究竟讓你的小船開往何處？如果你的目標是當個律師的話，當你決定要看電視，而不寫讀書報告時，你就離你的目標更遠了一些（因爲你必須有好成績，才能進入法學院）。你不能以看電視影集《法網遊龍》（*Law and Order*）來自我安慰，那只是個藉口。藉口無法幫助你朝向目標邁進。

你需要高品質、精確的資訊，來幫助自己清楚地知道該做些什麼事。不論你選擇要走哪一條路，你需要靠這些資訊來管理你的人生旅程。要找出所需要的資訊到底是什麼，你必須要很清楚自己想達成什麼目標。爲了節省時間，我就直接告訴你吧：每個人最重要、最首要的工作，就是管理好自己的人生。你必須從這個觀點來看待自己的人生，並想想這句話到底是什麼意思。這是一項職業、一個工作。它不一定有趣，但是，不管你喜不喜歡，就像燕麥片廣告中所說的：「這是一個正確的決定！」當你開始把自己當成是自己的員工時，這個員工的工作就是要管理好你的人生，事情就是這麼簡單。你可以追蹤自己的表現，並寫成報告。我離自己的目標是愈來愈近？還是愈來愈遠？我的管理工作做得好不好？我所做的正確決定是否比錯誤的決定還要多？

你應該和這位員工（就像在企業界一樣）開會，討論一下「事情進行得如何了？」。每天花一點時間檢討你當天所做的決定，看看這些決定做得好不好。檢討的重點在於把事情思考一遍，而不是隨便一句「哦，那很酷！」就了事。想一想哪些決定會讓你更接近你的目標。這有點像是看著船上的羅盤。如果你不知道自己要往哪裡去，那麼，任何一條路都可以帶你到達任何地方。如果你有目標、有方向，那麼只有兩件事會發生：離目標愈來愈近，或是愈來愈遠。當你誠實地回答每日一問「事情進行得如何了？」，不要忘了，你同時也是自己的老闆！要用批判的態度、像個檢察官一樣問：「是啊，如果事情進行得那麼順利的話，那爲什麼……」這是很難回答的問題，站在火線上一點也不好玩，但是，辛苦會有代價的。

知識就是力量

當你在開這些「檢討會議」時，儘管赤裸裸的事實會讓人不快，但是，唯一可以幫助你做出正確決定的，就是這些事實。每天很快地檢討當天所做過的決定，那麼你就可以藉此瞭解自己所做的決定是不是愈來愈好。就是要靠這種方法，你才能做得愈來愈好。未經檢視的人生是毫無價值的！這麼做，你的成績會更好，你會有更多的時間做自己想做的事，你的爸媽不會再來煩你，你的朋友會更加尊重你。唯有當你開誠布公時，你才能得到這一切。就像戒酒無名會所說的：「眞相可以讓你得到自由！」一味地盲目樂觀是個很糟的策略，因爲這種做法通常不能解決問題。隨便抓一個人來問就知道！

【我有話要說】

小小的改變

麥克斯，十四歲

我有一個很要好的女朋友，名叫蘿倫，我們總是形影不離，她很喜歡和我在一起，一起看電影或是做些其他的事。有一次，我做了一件很蠢的事，被罰禁足一個月，還不能上網聊天、不能打電話、不能出去、不准看電視。我很生氣，覺得這樣的處罰太過分了。後來，我在校園裡看到蘿倫，我問她最近怎麼樣，但是她什麼也沒說，於是我繼續追問：「到底發生什麼事了？」我已經有一堆麻煩了，什麼事也不能做，我以為她會站在我這一邊的，結果，她只是冷漠地對我。

於是我跑去和我媽討論有關禁足的事，結果她反而訴起苦來，說她也不好受，她也不希望我惹上麻煩，禁我的足對她來說也很累——她得不時監督我有沒有做好該做的家事，而且得隨時注意我有沒有違反禁足的規定。我從來沒有想過這會對她造成這麼大的不便，在某種程度上，她也由於我所做的錯事，而被禁了足。

後來有一天，我在學校遇到一個朋友，他告訴我，蘿倫正在跟強尼交往，我的反應是：「那個賤人！」這件事讓我開始思考，誰才是真正可以倚靠的人。我很氣我媽，但其實她也不好受，然而她還是願意這樣做，只為了要讓我走上正途。蘿倫應該要站在我這一邊的，但是當我真正需要她的時候，她反而躲得遠遠的。

今天，蘿倫跑來找我，說她很抱歉，但我看了她一眼，轉頭就走，臨走前我丟了一句：「隨便妳！」事情的發展總是讓人無法預期料，有時候很不公平，有時候又很公平。有時候，你很確定自己對某件事的感覺是這樣，但是，當你多知道一些事情之後，你的觀感就改變了。

我們再回到管理人生的話題。大多數的人會以這個前提來思考：「我知道怎麼做！」說得好，但是你錯了，大錯特錯！「你知道怎麼做」只是你自己以爲。（還記得嗎，你總是努力要讓大家知道，你什麼都懂！）得了吧，你不是每件事都懂的，沒有人懂得所有的事。長大吧，一旦你捨棄了「自己什麼都懂」的想法之後，你會發現，就連最簡單的事，也會有另外一面。

還記得你剛剛在幼稚園學習「二加二等於多少」的情景嗎？那時候，你會到處跟人炫耀，好像自己很聰明一樣。現在你比較大了，也知道學會「二加二等於四」沒什麼了不起。現在，你非常肯定「四」是唯一的正確答案。但不要輕易妄下斷語，還是可能會有其他的答案。這個問題的答案有可能是「兩雙」。通常，愈困難的問題，愈可能會有各種不同的解案。不要自以爲自己知道所有的答案！

比較好的策略是，找出還有什麼是自己「不懂」的。如果我的目標是這個，那麼，我「應該」還要知道些什麼，才能達到這個目標？在我該知道的事情當中，有哪些是我不知道的？還有哪些是我不太確定的？一旦你找出自己不知道的事是什麼之後，你就可以開始尋找答案。學習承認自己不知道，或是不確定某些事。當你要找出自己該做些什麼事的時候，這是一個很好的起點。

資訊超載

你可以將世界上所有的東西都視爲資訊。人們一直告訴你，你活在資訊的時代，而渺小的你只是資訊汪洋中的一小點。你可能想要知道祕魯首都利馬的人口有多少，或是玄武岩的化學成分是什麼，或是你的女朋友對你們昨晚的約會有何感想。你想要知道的事情太多了。資訊超載是我們這個時代特有的災禍。網際網路和全球有線電視網絡將各種資訊放在我們的指尖之下，我們可以得到前所未有的大量資訊。我不認爲這是個優點，反而覺得它是缺點。我們眞正需要的東西往往被埋藏在大量資訊之下。在廣告界，我們稱之爲「雜訊」。我們必須要清楚區分「必須知道」的事和「知道了也不錯」的事。

想像一個一千年前的農夫，沒有電視、沒有氣象報告、沒有網際網路，什麼都沒有。這位農夫就像他的父親一樣，也像他父親的父親一樣，知道所有爲了求生存而「必須知道」的事情。如果他能預先知道蒙古的游牧民族將要橫掃他的村莊，這當然很好，但就像人們常說的：「什麼鳥事都有可能發生。」你沒辦法知道所有的事情！重點是，這位農夫從代代相傳的經驗得知，什麼時節該種些什麼、什麼時候該收成什麼、什麼是危險的、什麼是安全的等等這類的知識。他知道所有他「必須知道」的事情，他也知道一些「知道了也不錯」的事情（總有一天，上帝會把他帶到天堂，讓他不再需要爲耕種而辛勞！）。他比我們還要幸運，因爲他不需要面對一大堆的雜訊——那些搞得你頭昏腦脹的資訊，並導致你根據錯誤資訊來做決定。他擁有的資訊很簡單，他每天也會收到一張成績單，就是餐桌上有沒有食物。他的人生中只存在了極少、極少加油添醋的說辭。

當你要針對你不瞭解的事情蒐集資訊時，你必須要先學會分辨「知道了也不錯」與

「必須知道」的事情是什麼。這時，你心中要想著那位一千前年的農夫。不論你的目標是什麼、有多艱鉅，通常這件事有人在你之前就已經做過了，不然就是有人已經做過極爲類似的事。你只要在腦中想像一下這些人，花點時間思考他們——他們過著什麼樣的生活、做了些什麼事，以及每一件可以讓他們達到目標的事。想想他們所「必須知道」的事情是什麼。這個想像的工作也許就是讓你達成目標最重要的一步，我稍後會再詳述。

有個職業橄欖球隊的菜鳥，在他第一次觸地得分之後在球門區跳躍歡呼。當他跑到球場邊界時，他的教練在他的耳邊說：「孩子，讓你自己看起來像得過分一樣！」**讓自己看起來像**，是你「必須知道」的重要資訊。你可以去閱讀你所認同的人物的個人傳記，這是最好的方法。模仿他們做過的事、他們的行爲，並找出要和他們一樣所需要知道的資訊。這樣做很簡單，而且完全沒有不合法！你不僅要學習這些人做些「什麼」，更重要的是，你要學習他們在人生的「什麼時候」做這些事。

不要重複做同樣的事，然後期望結果會有所不同

也許你不知道自己想要做什麼，但是，你希望自己身上能有足夠的錢，而不是錢不

夠用。這就是我們在第三章討論過的人生「大方向」。你不需要訂定很細的目標，因爲你還太年輕，不過，「擁有足夠的錢」是一個大目標，一個你可以努力的大方向。同樣的道理，你也可以選擇受人尊敬、揚名立萬、獨立自主、得到關愛等等的其中之一，或是以上所有，作爲你的目標。

假設我們的大目標是擁有足夠的錢，那麼，我們該做些什麼、在何時做，才可以達到這個目標？首先，看看那些在那艘船上的人（你所認識或知道的有錢人）。他們過著什麼樣的生活方式？他們都做些什麼事？他們具有哪些知識？他們的行爲舉止是如何？他們的穿著打扮是如何？他們在哪些場所出入？他們是怎麼說話的？

你不必是個天才，也可以回答這些問題。事實上，你可以花點時間，認眞去找出這些問題的眞正答案。你看，你已經在尋找你必須做和必須知道的事情了——一旦知道問題的答案，你就可以開始改變你的生活方式、你所做的事、你該知道的東西、你的行爲舉止、你所出入的場所和你的說話方式，你也可以知道自己該在何時做這些事。這就是我所說的「航海技術」。

一旦你清楚知道自己該做些什麼、該怎麼做，你就可以開始著手去做，同時也要注意其他你應該知道的資訊（改善計畫）。在上述的例子中，如果你想要模仿的人擁有很多錢，那麼他們一定知道該怎麼賺錢，這就是你必須要知道的資訊。如果你想要擁有很多錢，那麼你就必須知道怎麼去賺錢。另外一個有錢人必須要知道的事，就是如何守住已經賺來的錢。這也是一件你必須知道的事。我希望現在你已經抓到我想要說的重點了。你只要繼續往下問問題，你的目標就會愈來愈明確。我們再回到「賺很多錢」的目標，你現在可以開始更仔細地檢視你所知道的有錢人和沒錢人。有錢人包括醫生、律師和股票經紀人。沒錢人包括勞役、失業者和毒犯。如果你的穿著、行爲和談吐都和「沒錢人」一樣，你又如何能成爲「有錢人」的一份子呢？

【我有話要說】

擺脫貧窮

湯瑪斯，十七歲

我在一個位於底特律的貧窮社區長大，那是個很窮、很破舊的地方，主要居民都是黑人。那時我爸在念醫學院，所以我們和祖父母一起住。我們並沒有餓肚子，但是也沒有什麼錢。我的祖父在開巴士，我的祖母在一家自助餐廳工作。

當我十歲的時候，我們搬家了，搬到歐馬哈市，因為我爸在那裡實習。歐馬哈市裡也有一些很窮的區域，不過因為我爸在醫院實習有領薪水，而我媽在一家法律事務所當祕書，再加上他們之前與我祖父母一起住所省下來的錢，所以我們可以住在一個相當不錯的社區。我念的是一所很好的學校，除了我之外，那裡只有三個黑人小孩，因此我在那裡很顯眼。我的父母很重視學業，我也跟著學會要努力用功，我在學校的成績很好。

每年的聖誕假期，我們都會收拾行李，開車北上到我祖父母家過聖誕節。我還記得那些和我一起長大、一起上學的朋友。現在大家都長大了一些，從他們說話的方式和穿著看起來，他們全都非常熱中於嘻哈饒舌樂。但歐馬哈市的生活讓我改變了，我的穿著已經和他們不同了，或者是他們改變了。我每次回去，都會發現他們的情況愈來愈糟。有好幾個人被退學，並且開始吸毒與販毒。雖然我們仍然是朋友，但是我們之間的距離已經愈來愈遠。

後來，我爸媽的薪水增加，於是我們買了一棟大房子，就在歐馬哈市近郊。我也準備要進入林肯大學就讀。我常常為那些童年玩伴感到難過，每當我回去的時候，他們仍然把我當成朋友，我猜，在他們的內心深處很為我感到驕傲。他們會告訴我他們遇到的麻煩，當然，也會希望我跟他們一起high。但不知從何時開始，我們不再使用同樣的語言，也不再使用同樣的字彙，談論的也是不同的生活方式。他們也想成功、也想逃離那裡，但總是有各種理由阻擋著他們，總是有各種理由讓他們拖到明天再做，總是有各種理由讓他們先坐下來high一下再說。

我跟他們說，他們並不笨，但是卻在做很笨的事。如果他們想要得到任何東西，就必須努力工作。他們必須要回到學校去取得基本學歷。他們要更懂得怎麼穿著。他們也許以為自己很酷，只要有機會，未來就可以和吹牛老爹（P. Diddy）一樣成為當紅歌手，但這是不可能的事，而且，沒有人願意雇用不知道怎麼好好說話的人，沒有人希望店裡接電話的人對客人說：「嘸蝦米代誌？」這些話他們聽了，但沒有聽進去。

我不知道自己還會不會再見到他們，也不知道他們會不會照我所說的話去做。他們也許會說，我背叛了他們，但是，我要好好用功，為我自己，也為我的家人，我以身為黑人、身為美國人為榮，同時，為所有的美國價值感到驕傲。

一旦你找到自己想要達成的目標，有了前進的方向，你就可以開始尋找自己該做些什麼事。當你找到了自己的方向，你就要誠實地檢視自己。而當你開始做這些事的時候，

「時間點」的重要性就出現了。例如，如果你想要當個律師，難道你要從高中就開始模仿律師的穿著打扮和行爲舉止嗎？不，這很蠢。你的穿著打扮和行爲舉止要像個準備進入大學的高中生，因爲在這個時間點，這就是你該做的事。在成爲一個律師之前，你必須先進大學，並進入法學院就讀。現在，你應該比較清楚該如何思考，並找出該做什麼事了吧？

事實眞相

在我們繼續往下談之前，我們要先討論幾件事。資訊重於一切！你知道的愈多，你的情況就愈好。知道自己不懂哪些事，是找出事實眞相的第一步，不過，我們必須先談談什麼是「事實眞相」。

從你誕生的那一刻起，你就開始與事實眞相對抗。我所指的不是那種一旦講出來就會惹上麻煩的眞相，我指的是人生的眞相，也就是本書的主旨。我所談的是，什麼是正確的資訊、什麼是錯誤的資訊。這件事很重要，因爲在你的一生中，你必須要判斷哪些事實是完全、絕對、毫無疑問地正確。做判斷必須要仰賴資訊，所以你得找出正確的資訊。然而，你會發現事實眞相並不容易掌握。事實上，如果你的資訊蒐集做得很好，你會發現事實眞相往往是互相衝突、互相矛盾的。不論是針對任何一個主題、議題、人物、事件或情勢，你都會發現，要掌握事實眞相是一件很困難的事。事件愈重要，就有愈多的加油添醋和各種說法。

有關「事實眞相」的討論，內容多到可以寫一本書，在這裡，我只簡單地談一下「絕對事實」與「相對事實」。絕對事實是沒有條件、也無法否認的，包括：約翰・甘迺迪（John F. Kennedy）在一九六三年的十一月二十二日被槍殺、今天的黃金價格是每盎司三百五十二・五九美元之類的。人生中有某些東西是不容置疑的；事情就是這樣，沒有討價還價的餘地。如果你能蒐集到愈多包含絕對事實的資訊，對你就愈好，因爲根據相對事實來做判斷是一件極度危險的事。

相對事實包括：約翰是你的死黨、你的數學很好、李・奧斯華（Lee Harvey Oswald）刺殺了甘迺迪、黃金比水還要貴。相對事實只有**在某些前提之下**才是眞的，一旦前提改變，事實也隨之改變。「前提」是一個很重要的觀念，它指的是，事物（想法、事實、相對關係）因所處的情境不同而有不同的意義。例如：當你和家人在一起時，「愛」這個字代表了某個意思，但是，當你在約會時提到這個字，它的意義就和前者就大不相同了。又例如：在你的班上，你總是在數學這門課拿到最高分，在這個前提之下，「你的數學很好」

這句話是事實。但如果把你放到加州理工大學的微積分研究所中，你的數學就不算好了，這也是事實。你所具備的知識並沒有改變，你也沒有改變，但是前提改變了。

由於大多數有價值的資訊都是相對的，所以，在你接受某些事實作爲判斷的根據之前，必須要有能力分析事實所附帶的前提。你可能是你學校裡最好的橄欖球員，但是，如果你因此就認爲自己在未來將會得到超級盃的勝利戒指，那麼你可能就錯了。你的確有可能得到超級盃的勝利戒指（每個得到超級盃勝利戒指的人，在高中時期都在打橄欖球），但是，你必須要非常小心地檢視達成目標的前提。美國國家橄欖球聯盟需要多少球員？有多少個高中生在打橄欖球？你除了在自己的學校表現好之外，在全國最好的上千位球員中，是否也名列前茅？在位於曼哈頓的餐廳裡，黃金的價值比水高出許多，但在戈壁沙漠裡，黃金的價值就不一定比水還高了。**前提就是這麼重要！**

信念就像紅酒一樣，愈陳愈香

你所做的判斷決定了你能否達成你的目標，而精確的資訊決定了你能否做出正確的判斷。瞭解絕對事實和相對事實之間的差別，將會決定你是成功還是失敗，以及你距離你的目標有多遠。如果你在學校沒有惹上任何麻煩，在這個前提之下，約翰是你的死黨，他也會一直挺你。當這個前提改變，這個事實或許也會跟著改變。這是另一個重要的人生眞理。隨著你的成長，很多前提都會改變。這是既定的事實！同時，還有另外一個不是那麼顯而易見的事實，那就是當前提改變時，你所相信的事實也會跟著改變。隨時記住這個觀念，不要對你今天所相信的事物太過執著，因爲你將會發現，你今天相信的事物，可能會和你明天相信的不同！

這個道理不僅適用於一般的情況，也適用於特殊的情況。你現在認定的事實是：Slipknot 樂團是有史以來最棒的樂團。我敢向你保證，在十年之內，你的這個信念就會改變。如果我告訴你，甲射殺了乙，而這是你所得到的唯一資訊，你可能會認爲甲做了一件壞事。如果我後來又告訴你，乙是一個恐怖份子，你大概就會改變你的想法。特定資訊與前提可以改變你所認定的「事實」。如果我又告訴你，乙之所以會成爲恐怖份子，是因爲甲謀殺了他的兄弟姊妹，你的看法（你認定的事實）可能又會再次改變。永遠要從事實（你緊抓住的東西）的「相對性」來思考，也永遠要根據精確、絕對的資訊來做判斷。事實與前提這兩者合起來，可以幫助你決定「何時」該做事，以及該做些什麼事。

前提

前提決定了事實與資訊的「絕對性」和「相對性」。情況條件改變愈多，事實的可塑性就愈大。思考一下你自我檢視的前提是什麼，這樣可以幫助你瞭解「前提」是個什麼東西。再一次，你要非常清楚什麼是你自己編織的藉口，也就是你的信念。現在，我們最好花點時間，認眞思考一下你心目中的自己（你小心建構的相對事實），以及與你有關的絕對事實。我很喜歡一個笑話，但是有許多人聽不懂這個笑話。有一個人說：「這個世界上有兩種人，其中一種就是相信這個世界上有兩種人……。」我知道這個笑話不太好笑，但是，它可以幫助你瞭解，你是怎麼看你自己的，而別人又是怎麼看你的。要記住，要成爲你想要成爲的那個人，很重要的一點就是先學會扮演這個角色。如果你想要成爲一位律師，那麼你就應該在**正確**的時機做律師該做的事。

要檢視你自己和你的前提，有一個小小的訣竅，那就是，用字典定義字彙的方式，來定義你自己。字典會怎麼定義你？不要忘了「前提」這項因素，不要只考慮到「你的好朋友認爲你很酷」的這項前提！與你有關的絕對和相對事實是什麼？而你又是怎麼定義你自己的？當你在思考這件事時，你會發現，大部分你所下的定義可以被分爲兩類：消費者導向和製造者導向。

物質世界

易犯錯的我們，往往以看自己的方式來看這個世界，也就是說，我們常常把自己歸納成以下兩種人的其中之一。如果我們把自己定義爲「消費者」，我們以我們所消費的東西（我們穿的衣服、開的車、吃的食物）來做自我判斷；如果我們把自己定義爲「製造者」，我們以我們所製造的東西（我們得到的成績、工作、技術、能力）來做自我判斷。當你從這兩種角度來檢視你的前提時，你會得到兩種非常不同的觀點。

當你走在人生的旅途上，你會發現製造者導向的自己比較接近絕對事實，而消費者導向的自己比較具有相對性。這也是一個重要的人生眞理。要找出自己該做些什麼事來改善自己的人生狀況，這個問題通常得由製造者導向的角度來檢視，也就是你能夠做到的事，這些事造就了現在的你。其他的東西只是混淆你視聽的障礙物，讓你無法正確地評估自己是誰、要往哪裡去，以及爲了達到目的地所需要知道的事情——也就是你該做的事

（這是最重要的部分）。雜訊與「知道了也不錯的事」則完全是消費者導向。

只要擁有正確的技巧，你可以成爲任何一種人，到達任何目的地，而正確地「知道自己不懂哪些東西」，可以讓你快速起步。只要我們不被自己編織的藉口和說法給蒙蔽了，角色扮演也可以幫你加速前往目的地。彼得・賽勒斯（Peter Sellers）演過一部很棒的電影，叫做《在那邊》（*Being There*），這部電影講的就是這個。電影海報上寫著：「一個關於眞相、熱情、認知、愛，和擁有一套好西裝的重要性的故事。」你應該去看看這部電影，而你要注意的重點是，由於他穿著高級西裝的樣子很體面，人們就以爲他既成功又聰明。

重點整理

優先順序是很重要的，也就是決定事情的相對重要性，或是知道該在什麼時候做什麼事。優先順序在你的決策過程中佔有很重要的地位。在做出好的決策之前，你必須要先擁有正確的資訊，以作爲判斷的標準。你所做的判斷將會決定你的表現，也就是你如何回答別人所問的：「事情進行得如何了？」在做決定和評估自我表現的時候，「不要相信自己編織的藉口」是極爲重要的一件事，你要誠實地面對自己，做自己的老闆，並好好管理自己的人生。嚴以律己，找出自己所不知道的東西。要能夠分辨「必須知道」和「知道了也不錯」的事情。找出一個自己想要模仿的對象，以及與他們有關的一切。和他們做一樣的事，讓自己看起來就像是他們其中的一份子。在這麼做的過程當中，要以絕對事實和相對事實的觀點來思考事情。凡事都要考慮到前提，並從消費者和製造者的不同面向來定義自己。檢視自己每天的表現，給自己一張成績單——沒有加油添醋的那種。

現在，請你花一點時間討論以下這些問題：

☐ 你對於做決定和設定優先順序有什麼看法？

☐ 你對於「加油添醋的說法」和「相信自己編織的藉口」有什麼看法？

☐ 你對於「爲自己工作」、「管理自己的人生」的觀念有什麼看法？

☐ 你眞的知道還有哪些東西是自己不懂的嗎？

☐ 你是否可以舉例說明，什麼是「知道了也不錯」的事？什麼又是「必須知道」的事？

☐ 你希望自己像誰一樣？

□ 和你有關的絕對事實和相對事實有哪些？

□ 你如何從製造者導向和消費者導向來定義你自己？

Lesson 5

別用過時的方法打仗！

瞭解情勢與環境，選擇最有利的適用準則

Life is not fair Life is not fair Life is not fair

找到人生的方向是一件好事。能夠知道如何找出「正確」的資訊來達成目標，那更好。做出正確的決定，檢視自己的進展，這是最高的境界。這些道理都很簡單，但是在這麼做之前，你必須先知道自己身在何處。本章要討論的，是如何找到自己在這個世界上的定位，也就是找出你人生旅程的出發點。假設你想要從大西洋、經由巴拿馬運河、到達太平洋，你要怎麼走？不要驚訝，答案並不是往西，而是往東南！只要拿出地圖來看就知道了。這個道理很重要，因爲它能讓你瞭解，在前往目的地的路上，自己所在的位置會影響你前進的方向。這叫做「導航」，對一個導航員來說，知道自己**此刻**身在何處，是最重要的一件事。

戰爭即地獄

這和戰爭有什麼關係？和前面幾個單元一樣，本章的標題本身就是一個人生眞理，也是一個絕對事實。「不要用過時的方法打仗！」顯然是一句軍事用語，它的意思是，人生充滿了各種變化，因此，運用「過時」的準則來面對新的事物是種錯誤，而且通常會導致悲慘的後果。瞭解自身的處境可以讓你知道該運用哪些準則來解決問題。

我們可以從第二次世界大戰中找到例子，所以先來上一堂歷史課吧！在二次世界大戰開打之前，德國製造了大量的武器並訓練大批的軍隊，這個動作馬上就被發現了！法國與德國相鄰的國界相當長，也就對德國的這項舉動特別在意。法國人回顧了第一次世界大戰，並想出一個對策（運用「過時的」準則）。由於第一次世界大戰慘烈地打了好幾年，使用了大量的戰壕來加強前線的防禦，所以法國將軍便假設這次的戰爭大概也是如此，因此他們就在與德國的鄰界建造了所謂的馬其諾防線（Maginot Line）。這個防禦系統包含了許多與第一次世界大戰類似的戰壕與防禦工事，當然，德國也注意到了這件事。法國人把這些防禦工事建造得巨大、牢固且設備精良，德國人必須要費很大的工夫才能越過這些雄偉的障礙物！

然而德國也記取了第一次世界大戰的教訓，他們知道要與這些防禦工事硬碰硬是一項不智之舉，他們認爲，環境情勢改變了（飛機、機動性坦克車和戰車的出現），所以也應該使用新的教戰守策。於是德軍入侵法國北方一個毫無防備的小國比利時，德軍的行動勢如破竹、如入無人之境，很快就攻陷比利時，並進入法國北部，進攻速度之快，連燃料的補給運送都趕不上軍隊的移動速度。由於整個法國軍隊都在馬其諾防線嚴陣以待，等到他們發現情勢不妙、打算回防首都巴黎時，德軍早已佔領了巴黎。法軍大敗，法國人從此才學會不要用過時的方法打仗。美軍在越戰時也發生類似的情形。這種用過時的策略面對新情勢的例子，在歷史上層出不窮。

向前看

此處該記取的教訓是，完全依賴過去的原則與做法去面對未來，是一件很危險的事。這並不表示我們應該忽略過去的經驗，因爲過去的經驗對我們來說是極爲重要的。我的意思是，我們應該瞭解過去的事件發生的前提是什麼——也就是說，事件發生的時間和周遭情勢是什麼。過去的經驗有很大的參考價值，但不見得適用於現在。你必須學會如何調整過去的經驗來因應今日面對的挑戰。重點在於瞭解自己的過去和現在的處境，並知道哪些準則適用於現在的情況。

【我有話要說】

殺時間

艾利克斯，十六歲

在中學時期你可以有點怪，這沒什麼大不了。我是說，你還算是小孩，所以如果你像小孩子一樣犯錯，沒有人會大驚小怪。當我在中學時，一天到晚和鄰居小孩到處混。現在我念高中了，一切變得不太一樣。查德和戴瑞爾是和我一起長大的朋友，他們都有哥哥在同一所高中，所以他們就顯得比別人酷，因為大家都認識他們的哥哥，也知道他們的事。上高中後，他們和一群學長混在一起，但我們仍然是朋友。

開學後不久的某一天，我看到查德和戴瑞爾與一群他們的朋友在聊天。我們以前喜歡到住家山腳下的工地去玩自己發明的遊戲，它結合了紅綠燈和捉迷藏，我們稱之為「捉與追」。許多鄰居小孩也很喜歡玩這個遊戲。我和其他玩伴都覺得應該多找一些人來加入這個遊戲，因為人愈多愈好玩。

所以當我看到查德與戴瑞爾時，就不假思索地走過去問他們放學後想不想一起玩「捉與追」。我走過去跟他們說嗨，他們也對我說嗨，我問他們想不想玩「捉與追」，他們看著我，其他人也看著我，然後開始放聲大笑，查德說他現在已經不玩那個遊戲了，其他人又開始大笑，好像他們很酷，而我很蠢一樣。

我說了一句「隨便你們」，然後就走開了。我覺得他們好討厭，我是說，那不過是個放學後玩的遊戲，而且我們以前一天到晚都在玩，現在，他們的反應好像在說我很奇怪，而他們酷得不得了。

在聽過他們說的話之後，本來應該很好玩的遊戲也變得很蠢了。後來我們沒有再玩過「捉與追」，大部分的時間只是坐在一起聊天。我想，人長大後大概就該這樣吧！但是，我真的很懷念以前在工地跑來跑去的情景，我們會跑來跑去、大喊大叫、捉弄彼此，不過，現在我覺得那只是小孩子的遊戲罷了。

隨著年紀成長，你將會被迫改變一些行爲舉止。在小學一、二年級的階段，當一個男生喜歡一個女生時，假如他生性害羞，那他什麼也不敢做，假如他不害羞，那麼他就會作弄這個女生，推她、嘲笑她、把她的辮子浸到墨水瓶裡。在一年級生的心態中，這是喜歡一個人的表現——找到一種「可接受」的方法來和這個女生互動，又不會招致同伴的不悅。（否則他的同伴可能會說到處去說：「強尼有一個女朋友，強尼有一個女朋友。」）這種方法適用於一年級的孩子。現在，假設這個男孩已經進入高中，他喜歡上另外一個女孩，而有許多這個階段的男生，仍然喜歡用同樣的方法來與女孩子產生互動（也許稍微有些不同，但仍然屬於過時的「欺負她」方式），這種舉動在高中就不太適用了。這就是「用過時方法打仗」，使用過時的教戰守策。

從這個角度來看，你很容易就可以瞭解「舊行爲不適用於新情境」這個道理。這就是人們所謂的「成熟」。「成熟」指的是，在適當的時機使用適當的準則——在同伴面前說髒話來耍酷，但不在大人面前說。明白這個道理是找到自我定位的首要步驟。

有句古老的諺語說道：「什麼樣的身分，做什麼樣的事。」如果你是高中生，你是高一、高二，還是高三生？你使用的是哪一套「處世守則」？想一想，你是否使用過時的處世守則：抱怨、裝可憐、威脅、發脾氣，或是等老爸老媽來幫你解決問題。他們會說：「你的行爲像個小孩！」在此處，關鍵是「行爲」，你的行爲應該要和你想要成爲的那種人一致，也就是，你必須要使用新的行爲模式來告訴別人你懂得新的行爲準則。「如果你想要別人把你當成大人，那麼就先做大人該做的事吧！」瞭解事物的變化，並接受這個現實。重要的是看著自己的成長，知道自己在這個過程中處於哪個位置。

隨著我們的成長，我們的人生觀也必須跟著改變。由於前提（你所置身的世界）改變了，所以相對事實（適用的準則）也跟著改變。這就是爲什麼你不該使用過時的方法來打仗。你可能會和法軍一樣被德軍打敗！這些原則很複雜，對年輕人來說很難懂。你可能很難理解，爲什麼適用於哥哥、弟弟、姊姊或妹妹的準則（什麼是對的，什麼是錯的）不適用於你的身上？適用於十八歲孩子的準則，不一定適用於二十五歲的人！

年齡與階段

不同的年齡，有不同的階段。這兩者好像是同一件事，其實並不是。你的世界和你不停在改變，但問題在於，這些不同的人生階段與年齡並不是以同樣的速度推進。有時候你會經歷「急劇成熟」，就好像是身體的「發育期」。你在移動，你的目標（你在每個人生階段必須達成的目標）也在移動，這就好像是想要幫一輛正在移動的車換輪胎一樣。要知道，當你和你的目標同時在移動時，你所面臨的問題和你不動時是不同的，因爲這時你必須同時考量方向和「時間點」。

舉例來說，假設你人在丹佛，你想要前往舊金山，那麼你必須向西走。假如你正從丹佛搭飛機到西雅圖，那麼你與舊金山的相對方向每分鐘都在改變，因爲你的飛機正在移動。當你到達西雅圖時，舊金山在你的南方。從國中到高中的轉換過程中，你的成熟度會影響你與目標間的距離，就像「變動中的舊金山方向」。假如此時你已經完成並記住國中階段的所有人生課程，那麼你就不會有問題，你可以在正常的「時間點」進入高中。假如你還沒有學完國中階段的人生課程，那麼你將無法找出新的處世守則與前進方向，因爲你必須先達到國中階段的成熟度，才能處理高中的事務。同樣的道理，從高中進入大學，從大學進入社會，從單身變成已婚，也是這樣的情形。

因此，你應該思考你所處的階段與你的成熟度之間是否配合得當。重要的是，你的成熟度是否能夠幫你處理當下這一刻你所面臨的挑戰。你所處的階段就是你的「世界」。小學生的世界與大學生的世界是大不相同的。

我們再回到馬其諾防線，法國的將軍年事已高，他們已經習於相信自己編織的藉口，因此他們決定使用過去的老原則來面對迫近的「新」戰爭。隨著年歲的增長，你愈成功，就愈相信自己不僅知道自己現在正在做什麼，也很清楚自己過去做了些什麼。這大概是成長帶來的最大問題：你以爲自己什麼都知道。反過來看，德國的將軍都很年輕，這些年輕的德國將軍還沒有既定的思考模式。如果法國的將軍意識到這一點，他們大概會仔細審視德軍所建造的每一樣東西、所做的每一個訓練，然後發現到它們都與速度有關，一旦他們瞭解到這一點，也許就會評估是否該建造馬其諾防線。當你知道這個世界出現了新的原則，也知道看事情可以有新的觀點，你就不會那麼確信自己知道自己在做些什麼。不要以為你什麼都知道。

通過考驗，得到獎賞

找到你在這個世界上的定位，重點在於知道自己處於哪個階段、該學會哪些處世守則，以及該達成什麼樣的成熟度。隨著年紀增長，你應該學會「同時處理多項事務」，就像小丑一樣，能夠同時丟接好幾個球。你的成熟度到哪裡、你是否表現出該年齡所應具備的能力，取決於你是否能同時好好處理多項事務。要對自己完全誠實，當你從這個角度來看你的人生時，你就能清楚地看出自己該往哪個方向前進。你應該要能看出自己該做些什麼事，然後依據自己在這個階段、這個成熟度該學會的事，來安排事情完成的時間表。

你也許有一些事情該趕上進度，或者你也許已經在進度中，只需要照原來速度輕鬆前進即可。假如你在年輕時，還沒有學會同時處理多項事務的能力，那麼你就還沒有準備好要進入下一個階段，這點對你很不利。你的進度落後，而要追趕上進度總是比保持領先困難多了。

不要用過時的方法打仗，指的不只是放棄過時的原則，同時也要能夠掌握新的原則。你必須要在適當的時間做適合的事，以便為新挑戰、新原則做好準備。人生是持續不斷地在變動。要找到自己的定位，知道自己身在何處，你必須仔細審視你目前所處的階段，避免使用屬於前一個階段的原則（至少是那些不適用於現階段的原則），並為下一個階段做好準備。如果你是大學生，你就必須改變高中階段的行為，以適應多面向的大學生活，同時還要為「成人」世界的規則做好準備，因為當你從大學畢業時，這個社會將會要求你以成人的規則來處世。「成人的規則」包括：為自己的行為負責、接受責難、將別人的需求視為優先、自力更生、在做自己想做的事之前先做自己該做的事，以及為一切負起責任——所有成人必須做的「不好玩」的事。

要找到自己的定位，這個問題主要與「時間點」有關，包括：你的年齡（成熟度）、你所處的階段，以及你的上一個階段和下一個階段。它也與你所處的世界的大小（實際的大小）有關。

再談前提

要真正瞭解這個觀念，我們必須仔細檢視我們置身的世界，以及這世界所附帶的前提。「前提」指的是，你即將面臨的情況，以及適用於這些情況的原則。你的人生始於從醫院開往家中的那趟路程。耶！我們出發了！在你人生的頭幾個月，你的世界僅只於你的嬰兒床，雖然那時你可能沒有意識到這件事。你不知道嬰兒床外發生了什麼事，你的世界被嬰兒床的欄杆限制住了。

當你長大一點時，行動力也提高了一點，地心引力不再是你最大的敵人。你開始到處移動，你的世界變得更大了一點，範圍大約是你家的內部（嬰兒安全柵欄的範圍之內）。一旦我們嚐到了自由的滋味（較大的世界），我們就很難再回到從前那個比較小的世界了。只要試著把寶寶放進嬰兒床就知道了。除非他已經累壞了，否則他一定會大哭大叫，以示抗議。我們不想回到從前！這是一個很好的人生眞理：每個人都想要進入一個更大的世界。

不久之後，你開始學會走路，你的世界又往外擴展了一點。你開始接觸到戶外的世界，你的世界現在包含了你的家和你家的前後院，甚至還包含你家的附近。進入新的世界讓我們興奮不已，每個人最難忘的一刻，往往就是世界變大的那一刻。我們常常以爲是新的事物讓我們如此興奮，但事實上，眞正令我們興奮的，是我們能夠進入從未涉足過的新領域。

當你的世界改變時，這意味著你必須學習一套新的規則和做法，以面對新的環境。對一個幼兒來說，進入幼稚園是一件大事，因爲在他們的小小世界裡，這是他們所經歷過最大的一件事。他們的世界現在擴大到幼稚園的教室，教室裡有來自其他社區的小孩，還有幾個在附近走來走去的奇怪大人。當你逐漸適應這個較大的世界後，你會以爲自己也變得很大了！不要將你個人的大小和世界的大小混爲一談。你要記住，外面永遠都有更大的世界。你要知道，有時候自己之所以顯得很「大」，是因爲你處於一個很「小」的世界，這是我們常犯的錯誤。這是你對「前提」所要學的第一課。你也許可以在幼稚園裡呼風喚雨，但僅只於此。對小學生來說，你沒什麼了不起，對國中生來說，你顯得更小了，對高中生來說，你簡直就是小不點。即使你進入了高中，外面仍然有各種更大的世界在等著你。不要忘記：你永遠不像你所想像的那麼「大」！

影響力的世界

我們的社會創造了一個相當複雜的系統，讓孩子逐漸接觸愈來愈大的世界。你所處的世界愈大，它對你的影響也愈大。較大的世界對你有較大的影響力，而你應該也對這個世界有較大的影響力。就像是池中魚的故事，你可以是小池塘裡的大魚，或是大池塘裡的小魚。你的池塘就是你所處的階段，而你的「大小」是由你的成熟度來決定。不論你在這個池塘裡有多大，你都要有心理準備，你可能是下一個池塘裡的小魚，而且不要忘了，對大池塘裡的魚來說，你永遠不像你所想的那麼大。

進入幼稚園是一件大事，進入小學是另一件大事，因爲此時你的世界又擴展了，那裡有許多六到十二歲的孩子。我們在這個世界裡休息一會兒，並學習該學的道理，然後再進入國中。在國中，有不同的老師教我們不同的學科，我們也開始與朋友外出遊玩（看電影、逛街、去海邊）。世界變大了，而適用的行爲準則也改變了。在高中階段學會開車（譯注：在美國，十六歲就可以考駕照），這是一件天大的事，因爲能夠開車代表了你的世界在瞬間變得極大。下一個人生的大躍進通常是離家進入大學就讀。

到最後，如果你願意的話，你可以選擇「地球村」爲你的世界。如果你是一個國際性的商人、外交官，或是政治家，你可以對全世界產生影響，也會被全世界所影響。只有極少數的人能夠變得這麼「大」，例如，布希總統、尼爾遜．曼德拉（Nelson Mandela）與比爾．蓋茲。除此之外，還有許多各式各樣的成人世界。醫生、律師、神職人員和政治家有他們各自的世界，而酒鬼、毒蟲和罪犯則有另外屬於他們的世界。你可以想像一下在這些世界中，影響力是如何變化的，一位律師在法庭中是一條龍，但當他被推進急診室時，就成了一條蟲。

【我有話要說】

邊界南方

卡洛斯，十八歲

我在墨西哥市長大，我爸是個律師，他在一家石油公司工作。當我十三歲的時候，我們全家搬到美國，因為我爸在一家美國石油公司找到了一份很好的工作。我在墨西哥市時，念的是私立學校，學校的課業壓力很大，但我的成績很好。我們住在一個大房子裡，享有很高的聲望。有一次，市長還和我們全家一起吃晚飯。當我們搬到美國時，我覺得很興奮，也對即將面對的一切很期待。

我們搭飛機到洛杉磯，因為我爸在那工作。我本來以為洛杉磯很美，因為它又名「天使之城」，但是，當我們到達那裡時，我感到很失望。在洛杉磯，有些地區非常漂亮，但也有些地區非常貧窮，整體而言，我覺得這城市沒有靈魂，這對名為「天使之城」的地方來說，是一件很奇怪的事。

當我們安定下來之後，我開始到學校上學，那時，我一點都不知道自己將會得到哪些教訓！我在墨西哥也有學英文，而且是班上最優秀的學生。因為工作的關係，我爸和我媽都會說英文，我們每個星期都有一天會在家裡邊吃晚餐邊練習說英文。

我本來以為我可以在這交到很多朋友，因為我在墨西哥就交了很多朋友，我喜歡當個聰明又受歡迎的人。但我發現這是個錯誤的期待。事實是，我以為我的英文很好，但其實並非如此。我以身為墨西哥人為榮，但在美國，「墨西哥」這三個字卻具有貶損的意思！其他的學生喜歡嘲笑我的口音，每當我發錯音、用錯字的時候，他們也會取笑我。這讓我很生氣，但更令我難過的是，我感覺得到他們認為我很笨。他們之所以會這麼認為，是因為英文不是我的母語。我倒想看看他們說西班牙話，或是在外國學校上課的樣子。

總之，白人學生對我很不好。學校也有不少西班牙裔的學生，他們都會說西班牙話，多數人是在美國的第二代或第三代的西班牙後裔。這些人很凶悍，他們不太與白人學生來往。當我和他們說話的時候，我們所使用的西班牙話也不太一樣，他們雖然不認為我很笨，但他們認為我想要表現得比他們更優秀，這一點使得他們比白人學生還要難相處。

結果，我原本滿心期待的改變並不如我預期的美好。有一群人因為我有口音且認為我很笨而對我不友善，另一群人則因為他們認為我想要超越他們而討厭我。結果我變得很不快樂，我花很多時間在我的課業上，也時常關在房間裡聽廣播，因為我想要改掉我的墨西哥口音。那段時間對我來說是一段很孤單的時光，更糟的是，我們住的房子比原來的房子小了很多，我覺得又窮又孤單。

時間一點一點過去了，我後來還是交了一些朋友。我猜，我的白人朋友後來也覺得我聰不聰明並不是那麼重要，而我的西班牙裔朋友也發現我並不打算超越他們。我們都長大了一點，但我永遠也不會忘記一開始不被大家接受的那種感受。後來，每當我看到有人用不純正的英語說話時，不論他們來自何方，我都會想到我過去的處境，然後站在他們那一邊。我希望有一天，我能鼓起勇氣對那些喜歡欺負人、自以為高人一等的白人學生說：「你以為你很聰明、很優秀嗎？那個在你家幫忙的女傭會說英文，也會說西班牙話，而你卻笨到連西班牙話也學不會！到底是誰比較笨？」

外面有各式各樣的世界，你可以選擇自己要活在哪個世界中。不論你身處於哪個世界，你要找到自己的定位，知道自己在未來有哪些世界可以選擇。你必須要知道自己面對的是哪個世界，以及這個世界裡有哪些規則與挑戰。現在，讓我們先來看看高中生的世界與其中的挑戰。

走得愈快，就落後愈多

你必須要懂得如何好好思考，因爲你所面臨的挑戰也許和你想像的不一樣。你要做逆向思考。也許你以爲高中生活就只有歷史、科學、代數、足球、體能訓練和畢業舞會。當然，在某種程度上，這個觀念是正確的，不過，這些東西只是給你一些試練而已。

高中生活不只有代數和幾何學。如果你認爲你這輩子大概都不會用到這些知識，那也沒錯！這些不是「必須要知道」的東西，只是「知道了也不錯」的東西。

高中階段最重要的事情，就是在瑣碎的眾多事物當中看出眞正重要的部分。在你的一生中，沒有幾個人會在乎你知不知道英國《大憲章》是在哪一天簽署的，但是，你的在校成績，以及你吸收整理資料並作成報告的能力就非常重要了。這代表了你適應新規則和新資訊的能力——這個世界以這個能力作爲衡量你的標準，並以此決定要爲你開幾扇機會的大門。高中生活最重要的部分，就是測試你學習新規則的能力，以及同時處理多項事情的能力。

你在高中時期必須要學會如何同時處理多項事物。你選修了許多課程，每門課有不同的老師和不同的同學。你還要參加校隊、社團、樂隊或啦啦隊，此外，還有那重要得不得了的社交生活。你有能力把這麼多顆球同時丟在空中，而且讓它們都不會掉落到地面嗎？高中的課程與社團活動只是讓你練習的小型障礙物，這些練習可以讓你爲眞正的生活做好準備。人生中眞正的障礙物是獨力謀生、養家活口、參與社區活動、繳稅等等。如果你爲自己在課堂或活動中得到的爛成績找藉口，並自我安慰說，在那些領域並不需要知道那麼多東西，那麼你就沒有掌握到重點。高中生活最重要的部分，不是學會代數或是加入足球校隊，而是接受挑戰、學習新知識，來證明自己有能力學習新的事物。一旦你做到了，你就可以進入下一個階段。如果你做不到，你就會被卡在那裡——你不及格，不能得到獎賞。

學校只是一場大型競技賽或一個測驗，它所教授的課程並沒有比你應該學習的其他事物更重要。學校的課程只是爲了要讓你練習如何學習新的東物，並展現自己學習新事物的能力。無法學會的人或是懶得學習的人，會從比賽中淘汰出局。懂得這個道理的人，每當他們看到有人太懶或「太酷」而不想學習時，就會雀躍萬分。聰明的人知道要爲半路淘汰的競爭者鼓掌歡呼，因爲這樣又少了一個人跟他競爭進入大學、工作，或是生活上的任何事。而那些被淘汰的人，就永遠停留在高中階段。

池塘有多大？

你要先瞭解你自己，才能找出自己身處於世界的哪個角落，並確定自己應該前進的方向。在你所處的階段中，你落在哪一點？你的成熟度如何？你的池塘有多大？不要強迫自己做自己辦不到的事。接受自己眞實的優點與缺點。你也許有些地方落後別人，沒有關係，你還有時間，比賽還沒結束，不過，你還是要趕快加把勁，努力思考自己的方向！

假設你是在內布拉斯加州的十六歲高三生，高中階段你已經過了一半。你也許不像其他同級生那麼成熟（你是「年輕的」高三生，大多數的高三生是十七歲），而內布拉斯加州的高中是一個相當小的世界（有點遺世獨立的小池塘）。假如你是在曼哈頓的十九歲高四生，你的高中階段幾乎已經接近尾聲。你應該比你的同學更成熟，而位於曼哈頓的高中是一個相當大的池塘。你要很清楚自己所接觸過和沒有接觸過的東西是什麼。還有，十六歲的高三生也許沒有其他同級生那麼成熟，但是，不要忘了，十八歲的高三生也有可能像你一樣不成熟，最重要的不在於你過了幾次生日，而是你自身的狀況到底是如何。

知道自己身在何處可以讓你少犯點錯誤。例如，我們假設上述的兩個年輕人都進入聖母大學（University of Notre Dame）就讀。（很棒的學校！）前者跳進了一個較大的池塘（從內布拉斯加州到印第安納州），而後者卻掉進了一個小得多的池塘（從紐約州到印第安納州）。這兩個人要以不同的方式來面對這兩種改變，如果他們很清楚自己來自何處，那麼他們就不會在新的環境中使用過時的處世守則，如此一來，他們在新環境中成功的機率就會大增。

適用於內布拉斯加或曼哈頓的行爲不一定適用於南灣，也就是聖母大學的所在地。重要的是，你要確實瞭解自己的背景，也就是你的小船現況。不要低估或高估你的優點或缺點。不論你從哪裡來，要往哪裡去，只要做你自己就好。接受「事物永遠不斷在改變」的這項事實，同時要瞭解自己也不斷在改變，以接受眼前的新挑戰。

本章提到了許多與階段和年齡有關的事情。請記住，魚兒通常不會去注意自己所處的水域是個什麼樣的環境。同樣的道理，大多數的人並不會去思考自己處於哪個階段。知道自己處於某個階段是一回事；而找出自己該做些什麼才能跳脫出這個階段，又是完全不同的一回事。你得到了你所該具備的東西（知識、資訊、人生道理）了嗎？

Life is not fair 重點整理

爲了要到達目的地，你必須先瞭解自己的起點在哪裡，並找出自己該做些什麼。你需要導航，並知道自己置身的不同世界可能有不同的行爲準則。你必須要知道新的規則，爲它做好準備，並捨棄不適用的老舊、過時原則。你必須要思考，自己是否正在使用舊的規則來面對未來，以及你所處的階段是什麼。成熟就是在適當的時候使用適當的原則。重要的是你怎麼應對。它和身體上的成熟是同樣的道理。

最重要的是，你必須要專注於瞭解自己在人生的每個階段該學習的事物，並在每個階段結束前學會這些事物。你必須要誠實地面對事實：自己所處的世界有多大，以及你在這個世界裡有多大，就像是魚兒在池塘的故事。你需要去思考你所置身的世界是個什麼樣的世界，它對你有哪些影響，而你對它又有哪些影響？你必須衡量自身的能力，以適應你所面臨的新世界。你應該對人生的每個階段加以思考，完成現階段，並爲下一個階段做好準備。

現在，請你花一點時間想想以下這些問題：

□ 你對不同人生階段的處世原則有什麼看法？

□ 你對不斷改變的行爲準則有什麼看法？

□ 你覺得你的成熟度到哪裡？你應該處於哪個階段？

□ 你知道你的下一個階段是什麼嗎？你知道適用於那個階段的規則是什麼嗎？

□ 你知道自己所處的世界有多大嗎？你的世界和其他的世界之間有什麼關係？

□ 你明瞭自己在目前所處的階段該學會什麼嗎？

Lesson 6

永遠有人擁有比你更大的船！

懂得預做規畫與理財才能致富，或者至少不餓肚子

Life is not fair Life is not fair Life is not fair

本章和數學有關。因爲我們要談的是金錢，而金錢與數字脫不了關係。關於金錢，有許多該討論的東西。現在，拿出事先請你準備好的計算機，以便練習計算。數學是懂得愈多愈好，因爲當你要處理金錢的時候，它是個很好的工具。談到錢就會想到兩件事，稅和利息，而要瞭解稅賦和利息的原理，你一定要先知道百分比的作用。現在我要幫助你認識金錢——金錢是如何運作、金錢到底是什麼，以及你該如何管理金錢。

好東西並不是免費的！

有錢人都明白一個人生的眞理，那就是永遠有人擁有比你更大的船。金錢是有相對性的，也許你從來沒有這樣想過，但有錢人都知道這個道理。換句話說，**唯有當你需要用錢的時候，金錢對你來說才具有意義**。金錢的價値依照你所處的世界與你的需求而定。美金一千元是個固定的數目，但是，對一個投資客和一個高中生來說，這一千元的意義大不相同——對前者來說，一千元是很小的數字，但對後者來說，一千元是很大的數目。因此，對於金錢，我們必須要知道的第一個重要觀念是：唯有當你缺錢的時候，金錢才開始對你產生意義。你有聽說過有人嫌自己的錢太多嗎？這個道理應該很容易懂，但我要說的重點是，如果你**知道**自己將來會需要用錢，爲什麼不及早就做**規畫**呢？

【我有話要說】

把握當下

布萊兒，十七歲

泰勒跟我都在冰淇淋店打工。我們兩個都拿到學習駕照了，所以都想要存錢買車。泰勒的爸媽告訴她，不論她存多少錢，他們會拿出相同的金額，幫忙她買車。我回去跟我爸媽講這件事，他們同意也用這樣的方式幫我。我們好興奮，而且想了各種可以存錢的點子。打工的薪水並不高，不過我們本身還有一些存款，我們估計，二千美元就可以買到一輛相當不錯的二手車，因此我們只需要存到一千美元就夠了。我們互相約好，每個星期都要存二十五元，這樣一來，等到我們真正拿到駕照時，就有錢可以買車了。

頭幾週，我們還在興頭上，很容易就按照計畫存到該存的錢。接著，春季舞會要到了，我想買一件先前就看上的洋裝，而泰勒也想要買一件！我想要的那件洋裝很貴，我媽說她願意幫我付一半的錢，就像車子一樣。不過泰勒的媽媽則對她說「免談」。

反正我還有存款，所以我就花了五十元買這件洋裝。泰勒的媽媽借她一件洋裝穿去舞會，那件洋裝很不錯，只不過有點舊。我們一起去到舞會會場，我可以看得出泰勒對她的衣服不太滿意，所以她有點不高興，不過當舞會開始後，我們玩得很開心，她也就不再那麼在意衣服的事了。後來，我們繼續一邊上學、一邊在冰淇淋店打工，存錢買車。一、兩個月過去了，存錢的計畫繼續進行，不過，在這個過程當中，我又花了一點錢買一些我需要的東西，但我仍然有在存錢。很快的，暑假來臨了，泰勒幾乎已經存夠錢了，她只需要再存七十五元，就有一千元了。我大約還需要三百元。雖然我爸媽仍然會出相對的七百元，但是，一千四百元買不了什麼好車。我有點難過，而泰勒則和她爸爸開始到處去看車，我有點忌妒她。

我有另一個朋友，名叫茱莉，她要和她的家人到夏威夷去玩兩個星期，她告訴我，如果我自己付機票錢的話，就可以和她一起去。到夏威夷的機票大約要二百五十元，而我有七百元，反正我也不可能馬上買到車，所以我就買了機票和茱莉一起去夏威夷玩。夏威夷很好玩，不過時間很快就過去了。當我回到家時，泰勒已經買了一輛很可愛的二手車。她也因為有了這輛車，可以去找遠一點的工作。於是，泰勒有了車，也有了新的工作，而那個工作的薪水是我們在冰淇淋店打工的兩倍。

暑假過去了，我存的錢並沒有再增加，因為總有一些東西是我想買的。我大概還有五百元的存款，但我沒有車。我有那件漂亮的洋裝，但我不知道什麼時候還會再去穿它。夏威夷很好玩，但是我現在寧願有輛車在手邊。我很佩服泰勒，她做了計畫，並堅持到底，現在，她有一輛車，而且自己付保險費、油費和其他的花費，而且她現在的存款比我還要多，因為她的新工作薪水比較高。總之，我們仍然是好朋友，而且她常常用她的車載我一程。

金錢是「相對性」的。參議員艾佛列特·德更森（Everett Dirkson）在談到聯邦政府支出時，常說：「這裡十億，那裡十億，很快你就需要更大筆的錢了！」不論你想要在人生中成就些什麼，你多多少少都需要一些錢（幾乎沒有任何生活方式是不需要用到錢的）。如果你想要置身於曼哈頓的上流社會，那麼你需要很多很多錢。如果你想做傳教士，你只需要一點點錢就夠了。認識金錢的第一步，就是要認知到，你在未來一定需要用到錢，這點是毫無疑問的！第二件要注意的事情是，既然你已經知道自己在未來需要用錢，那麼你就應該**事先規畫**，先準備好自己可能需要用到的錢。要在短時間內累積財富是一件很困難的事，賺錢是需要花時間的！

你的人生方向，也就是你想要達成的目標，將會決定你在未來需要多少錢，以及這筆錢的相對價值。你必須要從這個角度來思考，而不是盲目地到處去賺錢，然後再想自己該怎樣花這些錢。金錢太珍貴了（太難賺了），由不得我們漫不經心，因爲你必須要花費大量的時間與精力，才能把它賺進來。當我們談到錢時，你必須要看著你的人生全貌——你要知道的不只是你下個星期需要多少錢，而且還要知道下個月、明年、未來十年需要多少錢。因此，你需要及早規畫，這個規畫應該是長程的，不僅要顧及下個星期的需求，也要想到明年的需求！

善意付不了房租

對於金錢的規畫，我們稱之爲「預算」。假如我們把金錢比喻成鐵釘的話，那麼預算（你的長期規畫）就是鐵錘。用鐵錘把鐵釘釘在某個地方，就像你用預算把金錢分配到某處一樣。如果沒有了鐵錘，鐵釘就毫無用武之地，反之亦然。假如你不事先規畫，不預先設想自己在未來會需要用到多少錢的話，你將會發現，你的錢**永遠都不夠用**。（你買下五百元的吉他調音器，卻忘了你還需要錢買下週五的演唱會門票。）這條路上充滿了悔恨。錢一旦花掉了，就不會再回來——你必須另尋其他收入。假如你覺得吉他調音器比演唱會門票還要重要（相對來說），那麼你就做了正確的事，而且這應該在你的規畫之中。假如對你來說，演唱會比調音器還要重要，那麼你就把事情搞砸了，因爲你沒有事先想清楚。這個道理也同樣適用於你明年要買的車、你結婚時所需要的房子，以及當你受傷或生病時所需要的保險給付，諸如此類。這些都是你在未來將會面臨的事。

我先前說過，你的首要工作是管理好你的人生，而在你的人生中，你可以好好管理的一樣東西，就是金錢。所以你必須要馬上就開始。及早開始將會帶來不同的結果，我們稍後會再談到。不論你擁有的錢是多是少，你都需要好好管理。事實上，你的錢愈少，就愈需要小心管理！你大概以爲，預算、規畫和投資是屬於有錢人的專利，但事實上，預算、規畫和投資是有錢人致富的首要原因。

你可能會覺得這一點也不好玩！沒錯，是不好玩！錢並不是那麼好管理的。好好記住這一點！「預算」這個詞常有許多弦外之音。（人們常會皺著眉頭說：「我有預算上的限制。」或「特價品好爛！」）「預算」往往與「便宜」劃上等號，而「便宜」所夾帶的負面意含就更多了。在你的想法中，「預算」往往與你**不能**做的事，而不是你**想要**做的事連結在一起。「預算」不應該是個壞字眼。只要你把它視爲「可以幫助你得到你想要的東西的工具」，那麼它就是個具有正面意義的詞了。我向你保證，預算可以讓你得到任何你想要的東西，而且屢試不爽！這是個與金錢有關的大「祕密」——只要你做了正確的規畫，你就可以得到所有你想要的東西！

幼兒學步

金錢的唯一功能，就是讓你買到你想要的東西，就像車子的功能是讓你到達你想要去的地方一樣。如果你沒有錢，就像車子沒有汽油一樣，什麼事都無法做了（包括「生存下去」這件事）。不過比較容易讓人忽略的是，你要考慮的是目標，而不是錢的問題。只要你時時刻刻把目標和預算放在心中，那麼你馬上就變成一個「有錢人」，因爲，從此以後，你會發現你永遠都有足夠的錢，可以做你想要做的事。這就是「有錢人」的定義——永遠都有足夠的錢！要達到這個目標，有一個小祕訣：你必須先稍微等一等，「等待」應該是你做計畫或規畫預算的第一步。你必須要等待你的「財富」增加。在規畫之前，你必須要有一些本錢。把這個「本錢」想成是你車裡的汽油，和沒油跑不動的情況比起來，如果你的油缸是滿的，只要沿路加點油即可，旅程一定輕鬆愉快多了。還有一個觀念，叫做「軍事基金」，古代的國王要打仗之前，一定會大肆搜括財物，以增加國家的軍事基金，他們可不希望在戰爭打到一半時，因爲國庫缺錢而無法支付士兵薪水——這樣保證會打敗仗。從這個角度來看，人生就像打仗一樣。

你必須要先存一筆錢，然後再開始你的財務規畫。這筆錢應該要能夠應付你的預算或計畫的支出——這是你油缸裡的「本錢」。你預算或荷包裡的錢每天都會進進出出，這叫做「現金流量」。你的財務計畫應該依照現金流量的狀況來規畫：我現在有多少錢？下個星期會有多少收入？有多少支出？而下個月、明年又是如何？就像是汽油缸裡的汽油，在過日子的過程當中，錢會進來，也會出去。

最重要的一點：把你的計畫寫下來！一定要這麼做！唯有如此，你才能在之後去檢討自己的計畫做得好不好。以一週或是一個月爲單位，比較一下你目前的狀況和你預期自己應該達成的狀況。在比較的時候，你可以同時調整你的計畫，如此一來，你就愈來愈會做計畫了。只要多加練習，你所做的每件事都會愈來愈好！不斷修正計畫來讓你的財務規畫更好，愈早開始，你就能愈早累積財富！當你的年薪是一萬美元時，計畫很重要，而當你的年薪是十萬美元時，計畫就顯得更加重要了！

一週預算的範例

每週的最後一日	2/14	2/21	以此類推
上期結餘	$40.00	$45.00	$25.00
收入			
零用錢	$10.00	$10.00	
幫忙家事的收入	$15.00	$15.00	
生日禮金	$50.00		
支出			
電影	$15.00	$10.00	
電動遊戲	$45.00		
海報	$10.00		
滑板		$35.00	
本期結餘	$45.00	$25.00	

你的計畫（預算）應該有許多欄位，每一欄代表一週、一個月或是一天。每一欄的第一行應該是「上期結餘」，這是你在每個週期的開始時所擁有的金額，你的起始點。次一行應該是「收入」，在這底下，列出你預期在未來的週期內可以獲得的收入。接下來是「支出」，在這裡，記下你在這個週期內所有的開支。最後一行是「本期結餘」，這是「上期結餘」加上「收入」再扣掉「支出」的總和，它同時也是下一個週期的「上期結餘」。

健康、財富與智慧

財務規畫的主要內容就是收入與支

出，這兩者的管理都同樣重要，但是我不打算說太多有關支出的事。你個人的目標與價值觀將會決定你如何花錢，那是**你的**錢，你只要注意錢都花到哪裡去了，以及是不是都花在你想要花的地方。也就是說，你是否用鐵鎚把鐵釘釘在你想要釘的地方？還有一點，你必須要知道，在你花**一塊錢**之前，你必須要先賺**兩塊錢**。所以，如果你想要買價值一百五十元的滑板，你不能以爲自己只要準備一百五十元就夠了——你必須先賺三百元，才能買這塊滑板。這個部分我稍後會再詳談。做預算並監督預算的執行是一項工作，你必須要花時間與精力去做。你可能以爲自己可以在腦中記住所有的事，但事實上，你會對自己的健忘感到驚訝。認眞做這個工作，把計畫寫下來。預算最重要的部分，就是把「預期」的情況（你預期在未來會發生的事）與「實際」的情況（實際上發生的事）做比較。你本來預期除草的工作可以賺進十五塊錢，但是，天公不作美，這筆收入因爲下雨而無法入袋，打亂了你的計畫。在每個週期結束的時候，比較一下「實際」的狀況與「預期」的狀況，並依據這差異來修正計畫。同時，要多花一點時間在「收入」的部分，因爲這是比較難控制的部分。

再回到錢的討論，錢代表了一段時間內的「能量」，就好像是冷凍的能量一樣！這就是「能量價值」的觀念。對一個勞工來說，一天的「能量價值」大約是每小時七美元。對一位神經外科醫生來說，一天的「能量價值」大約是每小時五千美元。對一個工廠來說，一天的「能量價值」大約是每小時五萬美元。假如你有十萬美元的話，你可以「買」工廠的兩個小時、神經外科醫生的二十個小時，或是勞工的一萬四千二百六十八個小時（以每週四十小時的工時來計算的話，相當於是七年），每種情況的差別是很大的。由於你的時間有限，因此，你的能量所帶來的價值是多少就顯得很重要了。

金錢是一種全球性的衡量工具，它能將一種能量的價值與另一種能量的價值相比較。也就是說，如果你要買一加侖的牛奶，我們要比較的是，「你所付出的時間與精力」與「生產一加侖牛奶並將它放在超市貨架上所需要的時間與精力」這兩者的價值。你不能控制貨架上的牛奶要賣多少錢，你只能控制自己在一定時間內能賺多少錢。

【我有話要說】

在興頭上

尼克，十五歲

不久前，大家很流行玩迷彩漆彈遊戲！這個遊戲的玩法是，把參加者分成兩隊，然後到布置成戰地的遊戲場用漆彈槍射擊對方。如果你被射中了，漆彈的漆會濺到你身上，那麼你就出局了。這個遊戲設有裁判。我第一次去玩的時候，簡直被嚇壞了。我不想被射中，那看起來好像很痛的樣子。你必須要穿戴所有的裝備，包括有面罩的頭盔和長袖運動衫。裝備可以用租的，但是他們提供的槍很爛，射不遠，又很慢。大多數的玩家都有自己的裝備，他們的槍射得又快又遠（因為漆彈槍的壓力大）。

總之，這種遊戲很好玩，大家都在討論著要去買屬於自己的漆彈槍。如果要買到好的用具，大約需要三百元美金。去年聖誕節的時候，我存了一百塊錢，我估計當我生日到的時候，可以再存一些錢起來，我實在很想買漆彈用具。我開始幫忙做家事，賺點零用錢。我和朋友們都在努力存錢。後來我們又跑去玩了一次，用的是租來的裝備，結果不太好玩，不過，我們都認為一旦有了好的裝備，一定會變得比較好玩。

總之，我存了好幾個月才存夠錢，那時，雖然我們仍然對這個遊戲很熱中，但不知道為什麼，買裝備好像反而變成了主要目的，比去玩還要重要。這時，錢好像突然失去了意義，它好像只是用來衡量距離目標還有多遠的工具。最後，我終於買到了我想要的漆彈裝備，我的一些朋友也買了，不過也有一些人沒有買。

買到裝備之後，還必須要向爸媽要錢灌壓縮空氣（漆彈槍內要灌壓縮空氣才能發射漆彈）和買漆彈。這是我們沒有考慮到的。然後，我們帶著新的裝備到遊戲場去玩，新的漆彈槍實在是太酷了，但是，我們仍然被打得落花流水，和用爛槍的情況差不多。我們後來又去玩了幾次，然後夏天到了，穿上那身裝備後變得很熱，所以我們就不玩了。

夏天過去了，我也上了高中，現在的我對學校的足球隊比較有興趣。我為了買裝備而到處想辦法賺錢，結果只用了幾次而已。現在，那些裝備放在衣櫃的最底層，連賣都賣不出去，因為這個遊戲已經不流行了。真希望那時我沒有把那三百塊錢拿出來買那些沒有用的裝備。我想，有時候你為了要買某樣東西而存錢，而當你存夠錢的時候，你已經不是那麼想要那樣東西了。

死亡與稅

現在，讓我們以購買一輛價值三千美元的車爲例，來看看你的預算該如何運作，以及你該考慮哪些東西。假如你的收入是每小時六美元的話，那麼對你來說，這輛車的價值是五百個工時（3000 ÷ 6），對嗎？錯！它的價值不只是五百個工時，因爲，這個國家裡幾乎任何工作都會先預扣**所得稅**。這是人生中**絕對不會**有意外的少數幾件事之一！富蘭克林（Berjamin Franklin）曾經說過：「人生只有兩件是肯定的，那就是死亡與稅。」他所講的就是這件事。在大多數的時候，「預繳的所得稅」是你人生中最昂貴的東西。除非情況特殊，否則，你所繳的稅一定會比你所買過的任何一樣東西都還要昂貴。這是促使你調整財務規畫與思維的第一件事。

你可以預估，你需要預繳的所得稅大約是你所得的百分之四十。這是一筆不少的錢！你所賺的錢當中，大約有百分之四十會先從你的薪水裡預先扣除。你要瞭解到這件事、預期這件事會發生，並依此做規畫。學會怎麼報稅是一件好事，這樣你就可以知道稅制是怎麼一回事了。在你的一生中，你會報很多次稅，大約是五十到六十次。

再回到買車的例子，你以為你的時薪是每小時六美元，因為別人是這樣告訴你的，但事實上，你要把你的時薪想成是每小時三・六美元（六塊錢減掉百分之四十的稅）。現在，價值三千元的車相當於你時薪的八百三十三倍（3000 ÷ 3.6），對嗎？又錯了！我們還沒有討論完稅的問題！

大多數的時候，我們都要為我們所買的東西付營業稅。營業稅大約是百分之七到百分之十，所以，你實際上要付三千兩百一十元來買這輛價值三千塊錢的車（三千加上百分之七的營業稅）。（譯注：在台灣，營業稅是內含的，在美國，營業稅是外加的，而且每個州的稅率不一定相同。）在有些州，他們稱之爲車籍登記費。我們從這裡學到的教訓是，不論你是高中生還是在全球投資的銀行家，只要想到錢，永遠都不要忘記稅的問題。不要用你能賺多少錢來思考，而是要用**你最後可以拿到多少錢**來思考（在商業上，我們稱之爲「淨值」）。即使你到其他的國家，那裡也是需要繳稅的！記住阿班叔叔的話：死亡與稅！

信用所潛藏的危機

我們必須要花點時間討論一下信用卡的問題。信用卡可以讓你先花你還沒有賺進來的錢。當你有急用的時候，它是一個很棒的東西，但是，假如你濫用的話，就會有大麻煩。記住這件事：「**如果你無法付現金的話，那麼你就負擔不起這樣東西！**」信用卡公司對卡債所要求的利息高達百分之二十。**卡債就像瘟疫一樣，要躲得遠遠的！**記住：如果不需要付利息的話，你所付出的錢與你所買的東西是價值相等。但是，用信用舉債就要付利息，而且這個代價是很高的。用信用來買東西要多付至少百分之二十的錢。只因爲你一時手頭沒有錢，就要比別人多付百分之二十的錢，實在是一件很笨的事！

現在，讓我們來算算這個例子。假如你想要買一輛三千元的車，你需要工作八百九十一個小時（3000 ÷ 3.6）。如果你從另外一個角度來看的話，三千元的車要花你八百九十一個工時。由此可知，你眞正「賺進來」的時薪是三・三七元（3000 ÷ 891）。你原本應該賺得的時薪六塊錢，只能買價值三・三七的東西。這就是我先前所說的，當你要花錢的時候，你需要考慮到，在花一塊錢之前，必須要先賺兩塊錢！假如你用百分之十五的利息，以信用貸款買那輛車的話，你還要多付四百八十一的利息（含稅價3210 × 0.15），如此一來，你的六塊錢時薪的「購買力」要再度向下修正，變成二・九二元。（3691 ÷ 3.60 = 1025個小時；再以3000 ÷ 1025就等於是你的時薪購買力）。因此，與直接存錢買車相較之下，以信用買車是一項不智之舉。

那麼，你到底需要多少時間才能達成目標呢？假如你每天工作八個小時，一週工作五天（每週工作四十個小時），那麼你需要二十二週的時間，也就是大約六個月的時間（891 ÷ 40），才能買這輛車，對嗎？你又錯了！在存錢的同時，你還必須維持生計，而維持生計是需要錢的！假設一個高中生的「生活費」是每週三十五元（午餐、油錢、娛樂活動等等），也就是說，你的生活費將近佔了你每週總工時的十個小時（35 ÷ 3.60）。所以說，你「可供花費」或「存錢下來」的工時是每週三十一個小時（有九個小時的工資是你的生活費）。因此，在買這輛車的可行計畫中，你每週可存一百一十元——四十小時乘以時薪六元，再減去百分之四十的所得稅，再減去每週的生活費三十五元。你必須要執行這個計畫為期二十九週（而不是二十二週）的時間，才能買下這輛車（3210 ÷ 110）。因此，如果根據這個實際可行的計畫來買車，你大約需要存七個月的錢。先決條件是你必須按照計畫來執行，不能半途而廢。財務規畫就是這樣做的。

這輛車相當於是你七個月的「能量價值」。你可能會說：「那還要好久，我現在就想要這輛車！」很難。這是學習時間與金錢之間的交互關係的第一課。不要忘了，不論如何，七個月的時間總是會過去的，如果你有計畫，七個月過後你就可以擁有一輛車，如果你沒有計畫，那麼七個月過去之後你什麼也沒有！

機會是需要付出代價的

讓我們再更進一步討論。假設你的六塊錢時薪是在麥當勞炸薯條。又假設你發現你可以找到另外一個在海邊當救生員的工作，時薪是十二元。然而，在當救生員之前，你必須先上一個月的訓練課程。如果你的時薪變成十二元，那麼你只需要三個月的時間就可以買那輛車了——四十小時乘以十二元，再減去百分之四十的稅，再減去百分之七的營業稅，再減去每週的生活費三十五元。請注意，雖然你的收入加倍了，但是你所需要的時間卻比原來的一半**還要少**。收入加倍，難道所需時間不是減半嗎？錯！因爲你的生活費在你的總收入裡所佔的比例變小了。由於你的「固定」生活費在你拿回家的薪水裡所佔的比例變小了，你可以存起來的錢就提高了，所以，你就可以在不到原來一半的時間內就存夠錢買車。錢的運作之道是很奇妙的！

爲了要把握賺更多錢的機會（每小時十二元而不是六元），你首先要存夠訓練期間的生活費，因爲在那一個月當中，你完全沒有收入。但你的油箱裡需要有油。有很多人都會掉入這個陷阱，在眞實的世界中，大多數人的生活費等於或高於他們的收入。當你百分之百的收入都要拿來應付生活上的開銷時（房貸、保險、養小孩的開支等等），情況就大不相同了。大多數的成人汲汲營營於賺取基本的生活開銷，以至於沒有餘力再去做別的財務規畫。這就是人們所說的：「要先有錢，才能賺錢。」不要讓這個情形發生在你身上，那是一種很悲慘的生活方式。開始存錢吧，馬上就做！

這裡還潛藏了另外一個非常重要的概念，叫做「失去的機會」。你的人生就是那麼長，流逝的時光是永遠不會再回來的。假如你有機會一小時賺六塊錢，卻不去把握，這就相當於是你在這個小時內花掉或是損失了那六塊錢。同樣的道理，假如你有機會一小時賺十二塊錢，而你卻只賺了六塊錢，你也相當於損失了六塊錢。在你接受救生員訓練的那一個月當中，你會失去在麥當勞工作的收入。你要把這件事想成是「支出」五百七十六元（每週四十小時，為期四週，每小時六元，再減去百分之四十的所得稅），以獲得每小時賺取十二元的**權利**。這是另外一個與錢有關的重要課題。當你想要改善你的條件時，你必須要付出代價，而這是一件很值得做的事，永遠比存錢買東西還要值得。唯有當你有能力承擔不去賺這五百七十六元的後果時，你才有機會去賺十二元的時薪。

你可能無法馬上就搞懂這個道理，因為現在的你只有「假設性」的生活開支，你的身上並不需要有很多錢。這是因為你的父母為你支付了「真正」的生活費。對他們來說，生活費是很重要的。假如他們無法支付生活上的開銷，那麼你們就要流落街頭了！所以，工作存錢以取得改善自身條件的機會，就是這麼重要。要維持一個家庭一個月的生活開銷需要不少的錢；因此，要過一個月沒有收入的生活，你的手頭上必須要準備不少錢。假如你一開始的收入並不高，那麼你可能需要一段比較長的時間來存錢，但是，為這個目標而存錢，仍然比為了買一台新的電視機而存錢要好得多！以買車的例子來說，這筆用來改善你的條件狀況的五百七十六元「投資」，可以讓你提早三個月買到車，而且，還有另外一個好處，那就是你以後仍然可以繼續賺十二元的時薪！這就是金錢的運作之道。

基本開銷是很高的！

爲了要讓你更清楚地體會到你父母每個月所面臨的眞實生活開銷，我列出了一些你可能從來沒有想過的東西。知道這些是一件很重要的事，因爲這樣你才會知道，你的父母是付出了多少代價才撐起了你們的家，以及你在未來將會面對什麼樣的開銷。生活開銷是人生中肯定會發生的另外一件事。

下表所列的這些，是你的父母爲了要維持某種生活以及維持一個家，每個月都要支付的開銷。不論是誰出錢，總要有人來應付這些開銷。這些是「維持基本生活」的開銷，還不包含「大筆的支出」，例如食物、娛樂、衣服、家具、信用卡帳單、各種該繳的費用、旅遊和**意外支出**！是的，生活中一定會有突發事件，也就是那些你沒有預料到的事。你也不是沒有考慮到突發事件，只是你所考慮的並不夠完整。不論你相不相信，人生中會有許多事情是屬於「突發事件」的。所以，你應該把它放在你的規畫中！

房屋	交通
房租或房貸	汽車貸款／租金
房屋稅	牌照稅
房屋保險	汽車保險
房屋維護	汽油費
管理費	定期保養
修繕／押金	車輛維修
水電	**健康**
瓦斯	醫療保險
電力	牙醫保險
自來水	看診部分負擔
下水道系統維護	處方藥
垃圾處理費	牙科
電話費（家用／手機）	眼科
有線電視／網際網路	懷孕／生病

例如，假如你擁有一輛車的話，不用懷疑，車子總會發生故障的，我敢保證一定會發生。這筆維修費用大約是每年一千美元，依你的車況而定。假如你在車況良好的時候，仍然每個月存一百元起來（爲維修規畫好一筆預算），那麼，當你的車子壞掉時，你馬上就有錢可以修車。假如你沒有預先存錢，那麼當發生突發狀況時，你手邊沒有錢，也就沒有車可以用了。假如你借不到錢來修車，你可能就無法去工作，假如你無法去工作，那麼你就可能會被開除。到最後，你沒有錢、沒有車，也沒有工作。當錢不夠時，事情有可能會惡化得很快，你愈早學會規畫，特別是爲那些「突發事件」做規畫，你就愈快

可以擺脫金錢的束縛，並且早日走上致富之路！

當你考慮到這些每個月都「必須」要支出的「生活開銷」時，你要知道，這筆開銷只會變得愈來愈大。隨著你的年紀漸長，你擁有的東西就愈多，所擔負的責任也愈重，因此開銷就愈大。我在這裡主要指的是改善條件這個問題；當你的年紀愈大，你要暫時離開職場學習新技能以獲取更好的工作，所需要付出的成本就愈大。當你的每月生活開銷是一千元時，你只需要存一千元，就可以應付學習新技能的這一個月當中的開支。當你的每月生活開銷是五千元時，你就需要先存五千元，才能撐過這沒有收入的一個月。很快的，你就會發現，你已無餘力讓自己改善條件現況了。這是金錢的「黑洞」！這就是爲什麼你必須要儘早、盡可能地接受最多的教育與訓練。因爲如此一來，你才可以在這個遊戲中搶盡先機，同時可以用最低的代價就得到所有的教育與訓練。

我們現在來複習一下與預算有關的問題，首先，你必須要考慮到收入與支出。盡可能地考慮到實際的狀況。要記住，時薪六塊錢並不等於你可以將六塊錢放入口袋。要顧及所有現有的開支和可能會發生的開支。時光飛逝，及早做好準備。預先做好儲蓄的規畫，讓自己有機會可以改善現有的條件與狀況，同時，還要儲蓄更多的錢以應付可能發生的「突發狀況」。把這些寫下來，並隨時追蹤執行的狀況。如果你照我所說的去做，我敢向你保證，你的手頭上永遠都會有足夠的錢可用，有誰不想要這樣呢？先耕耘，你就會有收穫！

你的價值由別人來決定

我們再回到能量價值的概念，能量價值的大小是由別人來決定。如果你的價值只來自於「體力」，也就是把東西從這裡搬到那裡（付出勞力的職業），你的時間或精力的價值就相當低。以勞力來賺錢是能量價值最低的工作。以技能來工作（木工、水電工、黑手等等）會產生高一級的能量價值。以頭腦來工作（業務員、客服員、記帳員、助理）是再高一層。最高一層是以腦力或想像力來工作（醫生、律師、會計師、建築師、設計師）。如果你做的是這些工作的話，你的能量價值是最高的，但是，並不是所有的路都適合每一個人！

每往上跳一層都需要具有一定的教育程度與訓練，而且，並不是每個人都具有相同的才能。並不是每個人都天生具備當太空科學家的條件。你必須要盡可能地按照實際狀況來規畫，而且，你必須要非常清楚自己所具備的能力：「我是當工程師的料嗎？我願意為了這個目標而努力嗎？」

這個概念或許有些掃興，但是，你還是可以有不同的方法來面對能量價值。「能量價值」的觀念在你的計畫中佔有很重要的地位，因為，對任何一個人來說，一天都只有二十四個小時，因此，要賺更多錢的唯一方法，就是讓每小時的收入增加。隨著年齡的增長，你會獲得加薪與升遷，因此，你每小時或每年所賺的錢會愈來愈多。但是，這個模式無法永遠維持不變，到最後，不論你所屬的職業或產業是什麼，你一定會碰到薪資的「頂點」。

即使是時薪五千美元的神經外科醫生，也會碰到薪資的頂點，他最多也只能工作這麼多的時間、獲得這麼多的收入。有一個方法可以跳脫薪資頂點的束縛，那就是靠別人的時間與精力來賺錢。這是「力爭上游」的一個好方法。你可以藉由自己開公司或是擔任公司管理職的方式，來達成這個目標，但是，在達到這個目標之前，你必須要先學會很多東西。要賺更多的錢，這是最簡單的方法，因為你不需要特別聰明或是特別擅長於某種技能，就能做到這件事。你只需要努力去找聰明的人或是具備技能的人來為你工作，就可以了！

【我有話要說】

工作的遊戲規則

艾莉西亞，十九歲

工作是一個很有趣的東西，有時候很好玩，但是，一旦你日復一日重覆同樣的工作時，它又變得很無趣了。能夠賺錢、交新朋友是滿不錯的，但是，它有時候也很噁心，例如當你是在替一個爛老闆工作，而且做的是清潔工作。我的意思是，當我還是學生時，打工就很有趣。我可以和我的朋友一起工作，雖然我需要打工，但也沒有到非做不可的地步，它只是給我一個理由可以不用待在家裡。

高中畢業時，我並不打算馬上進社區大學就讀，因此，我爸媽說我必須要找個工作，分擔家裡的部分開銷，我覺得他們是氣我不繼續就學。總之，我辭掉了速食店的工作，改到一個倉庫去當接待員。這個工作是我爸的朋友幫我介紹的，不過，這個地方很噁心，有一群不長進又自以為了不起的工人在後頭工作。那裡還有一個很老的女會計，她老是叫我做這、做那的。我每天早上七點鐘就要到那裡工作。薪水很不錯，但是那個地方很臭，尤其是在早上的時候，而且，每天早上出門時，外面總是又暗又冷的，我真的很討厭那個地方。

總之，我告訴我媽那個地方有多恐怖，她的反應是：「親愛的，慢慢妳就會習慣了，這樣的日子妳還要過五十年呢。」有一天，我爸的朋友，也就是那個倉庫的老闆，對我說，那位名叫康斯坦莎的會計很生氣，因為我做的事情太少了。他又說，他知道這個地方很臭，而他老婆要新開一家護膚店，裡面都是比基尼、乳液之類的東西，他說，他老婆將會需要幾個幫手，但他也覺得我的工作態度有點問題。

我真的很想離開那個地方，於是我想，儘管我很討厭那裡的工作，但如果我好好做事，也許我就有機會可以到他老婆的店裡工作。那天大概是星期五。於是，在接下來的那個星期，我精神抖擻地上工，並努力工作。就在星期二的時候，老闆過來告訴我，他看得出來我很努力在工作，他希望我可以和他老婆談一談。然後他又說，他本來可以不用告訴我這件事的，先看我的表現如何再說，但是他猜想，我大概很想離開這兒。

我覺得，當我認真工作時，那個爛倉庫似乎變得沒那麼爛了。我是說，當我忙著工作時，時間過得比較快，康斯坦莎也變得沒那麼討人厭。如果老闆沒有告訴我有關那個新工作的事，我現在大概還在打混摸魚。

總之，我開始到卡洛（倉庫老闆的老婆）的店裡工作，她的店很棒，她對我也很好，而且我的薪水維持不變。我很努力地工作，因為我希望為卡洛好好工作，而且這樣時間也會過得比較快。再者，如果我好好做，也許哪天還會有其他的工作機會。總之，工作的確很討厭，但是它可以真的讓人很討厭，也可以是有點讓人討厭，完全由你自己決定。

這是另外一個讓你的能量價值提升到最高的祕訣。先看看你有興趣（並且有能力執行）的工作有哪些。每項職業、每個工作都有一個比例數字，也就是某個職業中可以賺到很多錢的人數，比例是多少。幾乎所有的醫生都可以賺不少的錢，因此，這行業賺大錢的人數比例比較高。如果你選擇當個雕塑家，你必須是個頂尖的雕塑家，才能有好日子過，否則，你只是一大群窮雕塑家中的一個。當你在思考謀生的職業時，你必須要考慮到這些比例數字。你最好的選擇，你的最佳成功機率，是那些「一般人」的收入數字偏高的工作。要在某個領域中當頂尖的那一個人，是一件很困難的事，因為這代表了絕大多數的人實際上並不是最優秀的。記住這一點，但仍然要對自己誠實。**當你在考慮金錢與賺錢這件事的時候，絕對不要忽略你的選擇是否可以為你帶來幸福與快樂。**

自尋快樂

爲了錢而做自己厭惡的工作是下下之策。到頭來，你對工作的憎惡（不論你對這項工作擅不擅長）會讓你無法做好這個工作。做你喜歡的工作不僅可以爲你帶來最多的財富，也可以爲你帶來最多的快樂，因爲當我們在做自己喜歡的事情時，通常可以表現得很好。你也許不會擁有一艘私人遊艇或是一棟海邊別墅，但是你會活得比較快樂。假設有一個人從事他討厭的工作，而且每天工作十個小時，只爲了存錢每年到海邊渡兩個星期的假，那麼他爲什麼不在海邊找一個薪水不是那麼高的工作，但可以一年五十二個星期都過得開開心心的？

永遠不要忘記，金錢的重要性不在於它的**多寡**，而在於你**如何運用你所擁有的金錢**。以數字來衡量一切（某人擁有多少錢、別人的船有多大）是一種很糟的觀點。正確的觀點，是把金錢視爲一種幫助你得到你想要東西的工具。這兩種觀點會造成兩種截然不同的結果，你的觀點將會決定你能賺多少錢，以及過得快不快樂。學會控制金錢，而不要讓金錢控制你。只要做好規畫，你就能達到這個目標。

「金錢不是萬能」這句話的確是個事實。金錢不該是你終極的目標，但是，你也不可以低估它的力量。金錢無法爲你買到愛與快樂，但是，如果你沒有錢（或是缺乏規畫的能力），你的日子就會比較難過。金錢就像是潤滑劑，它讓我們的生活更加順暢。

老牌喜劇演員瑞德・福克斯（Redd Foxx）曾經演過電視影集《山福父子》（*Sanford and Son*），在劇中，主角弗瑞德・山福（Fred Sanford）的兒子拉孟（Lamont）對他說：「你無法用錢買到快樂，老爸！」弗瑞德回答說：「是啊，這是窮人用來安慰自己的話，這樣他們晚上才睡得著覺！」有錢人通常對別人的財富沒有太大的興趣，但窮人卻往往因爲嫉妒別人的財富而無法前進。

早起的鳥兒有蟲吃

最後要討論的是金錢的時間效應。有人說，「複利」是世界上的第七大奇蹟，這句話之所以成立，是因爲數學運算的原理。假如你的父母在你出生時就爲你存了一萬美元（一部新車的一半價錢），而這筆錢享有百分之十的利息，那麼當你二十歲的時候，你大約可以擁有七萬四千元；當你四十歲的時候，你大約可以擁有五十五萬元；當你六十歲的時候，你大約可以擁有四百萬元；當你八十歲的時候，你大約可以擁有驚人的三千萬元！這是一筆巨大的財富！這都是因爲複利的關係，**用利息來賺利息**。這就像是利用別人的能量來賺錢一樣，只不過在這裡，你什麼事都不必做，只要等就行了！我之所以會提出這個觀念，是因爲它能讓你領悟到，早早開始做財務規畫是多麼重要的一件事。你愈早開始注意到金錢的重要性和運作之道，你就愈有機會領先其他人。這就像是一場競走比賽，走在人群前面總是比走在人群後面要來得輕鬆。就像是雪橇比賽的參賽者所說的：「假如你不處於領先的地位，你所看到的景緻永遠不會改變。」假如你的存款在人生的早期階段（現在）就處於領先別人的地位，那麼你將會發現，隨著時間的過去，你領先的幅度會愈來愈大。假如你在某個時間點覺得自己的錢太多了，你可以分一些給別人。相反的，假如你發現自己的錢不夠用，那時你通常也無計可施！

最後，讓我們來做一點逆向思考，思考一下「自我定位」的問題，也就是確定自己的確在適當的時間到達適當的位置。你需要將你的計畫向未來投射。我們再回到先前提到的時薪六元的炸薯條工作和時薪十二元的救生員工作，假設我們所討論的不只是打工機會，而是你的人生唯有的兩個選擇。救生員的工作可以賺比較多的錢，但那是個沒有發展的工作。你後來也許可以升遷到管理其他救生員的位置，時薪增加到每小時二十五元，但那大概已經到頂了。假如你在炸薯條的工作上堅持下去，你的未來還有很大的發展空間。你有可能管理一家餐廳（時薪二十元）、管理好幾家餐廳（時薪五十元），甚至是自己開餐廳（不算時薪了）。

你要記住，你所踏出的每一步都爲你開啓了幾扇門，同時也關閉了幾扇門。有時候，現在多賺點錢是比較明智的抉擇，而有時候，選擇錢比較少的工作反而比較好，因爲這個工作的未來比較有發展。你要知道，雖然現在炸薯條的工作和救生員的工作相差六塊錢，但是，在幾年後，救生員的經理和餐廳經理的時薪就差了二十五元。有時候，你必須要爲了將來能多拿二十五元，現在忍痛少拿六元。

更進一步來看，假設你非常想要擁有一家餐廳。曾經在餐廳工作過的人很多，但只有極少的人可以擁有自己的餐廳（除非他們是在自己老爸的餐廳工作！），所以這時候，你要運用「條條大路通羅馬」的道理。房地產經理人擁有餐廳的機率，比餐廳服務生要高出許多（從找到打算出售的餐廳的機會來看），銀行投資者擁有一家餐廳的機率，比廚師要高出許多（從融資的角度來看）。要眼觀四面、耳聽八方，聰明點、靈活點，試著從不同的角度看事情，並不斷地檢視、修正你的計畫，隨時更新！把一切都**用白紙黑字寫下來！**

Life is not fair

重點整理

本章只討論到金錢這個議題的一小部分，但應該可以讓你有個好的開始。金錢的價值是相對性的，它的價值由你的需求來決定。爲你將來的需求做好規畫，並考慮到時間的因素：需要花多少時間才能賺到你所需要的錢、需要花多少時間才能存到你所需要的錢、在什麼樣的階段有什麼樣的薪資。做預算！現在就開始做財務管理，如此一來，你就可以在需要的時候，得到你想要的東西。開始存你的「本錢」，記得，如果你想花或存一塊錢，你必須要先賺兩塊錢。思考一下你的「能量價值」，以及你要靠教育、訓練，還是埋頭苦幹來提高你的薪資。

想想生活開銷的問題，你現在可能只有「假設性的」生活開銷，但在將來，你會有眞正的生活開銷要負擔。要記住，有錢才能賺錢，還有，改善你的條件所需要付出的代價，會隨著你的年齡增長而提高。爲你預期會發生的緊急突發狀況做好準備。找出如何利用別人的時間與精力來賺錢的方法，但是，也不要忘了，你應該找的是你喜歡的職業。金錢只是幫助你達成目標的工具，而不是你的終極目標。把你的預算與規畫寫下來，並隨時檢視、修正！

現在，請你花一點時間思考以下這些問題：

□ 你對於金錢的管理和規畫，有什麼看法？

□ 你對於現在開始爲自己的財務規畫預存「本錢」有什麼看法？

□ 你知道稅、信用和時間對你的收入會產生什麼樣的影響嗎？

□ 你覺得你的時間能產生多少「能量價值」？

□ 你能理解「改善你的條件所需要的成本」這個觀念嗎？

□ 你對於「眞正的」生活開銷有什麼看法？

□ 你眞的明白你爲什麼要儘早知道金錢的運作之道嗎？

Lesson 7

物以類聚！

只有你能決定自己想要成為什麼樣的人

「物以類聚」的觀念出自於聖經，它指的是相似的人傾向於聚在一起。這個道理很簡單，也非常顯而易見，但我們必須要仔細檢視，我們是怎麼定義所謂「相似」的人。回想一下，當你遇到一個陌生人時，你通常很快就會透過這個人的衣著、言談、外表、行爲來「認定」他是個什麼樣的人。你可以知道他的年齡、來自何方、社經地位、教育程度，甚至是他的職業。對年輕朋友來說，這個「認定」的過程可能還不熟練，因爲你大概才剛開始用這個方式來看人。這項「認定」的技巧是年輕人的重要課題，他們透過互相認定彼此是什麼樣的人，來不斷練習。學習如何透過一個人的社會特質（儀態、衣著、態度、言談、體型）來定義他，是很重要的技能。這些特質會讓我們在聽到他開口說話之前，就對他產生某些看法。對群居動物（例如人類）來說，這是攸關生死的技巧。它可以爲你在充滿陌生人的世界中指引方向，可以幫助你認定哪些人適合當朋友，而哪些人最好要躲得遠遠的。

我知道你是哪一類的人

爲了要管理我們對他人的看法，我們會在腦海中把這些人加以分類，並貼上標籤。

有時候是根據我們的個人經驗歸納出一些「族群」或「群體」（導護媽媽通常很和善，幫派份子很危險）；有時候則是根據我們聽過的故事、流傳的傳說，或是一般人常有的偏見（壞警察、義大利黑手黨、猶太人、同性戀）。這叫做「建立刻板印象」，把各種不同的人歸納爲一個又一個的小群體，並用每個群體的「特有屬性」來定義他們（不論這些「特有屬性」是否爲眞）。我們從小到大都被教育說「刻板印象」是不好的，但我卻不這麼認爲。形成刻板印象沒有好壞可言，它只是大腦自然運作的結果——當你把某人歸納爲某一類的人，或是別人將你歸納爲某一類的人時，我希望你能記得這一點，因爲這對你會很有幫助。本章談的都是刻板印象與「族群／群體」，以及它是如何被定義的、對我們會產生什麼影響，而我們又該如何利用它來成爲自己想要成爲的人。

當我們看到某個人時，我們馬上就會試著將他歸納爲某一類人，並將這類人的特有屬性貼在他身上。我們無時無刻不在觀察別人，也無時無刻不在對別人形成刻板印象。（「那個穿著名牌衣服的漂亮女孩一定很自以爲是，跟她說話只是浪費時間而已。」或是「那個瘦小的書呆子大概是個只會讀書的怪胎。」）從這個角度來看，你大概會發現自己花了很多時間在用這種方式去定義別人。這並沒有什麼不好，大家都是這樣做的。

辨認出哪些人是危險份子可以讓你遠離傷害。事實上，辨識度非常重要，我們甚至讓那些可以幫助人的人穿上制服，讓他們更容易被辨認出來，更容易被認識，例如警察、消防隊員和醫護人員。我們甚至提供他們特殊的交通工具，以便大老遠就看到他們。我們同時也將商人、老師、家庭主婦，或是我們所看到的任何一個人加以分門別類。我們用每個群體的特有屬性來看待他們，甚至根據他們所屬的群體，來調整我們對待他們的方式。（你對待啦啦隊員的方式，會和對待警察的方式相同嗎？）

撞擊

我們從青少年的階段開始學習這些技巧，特別是在高中階段。這是你第一次意識到自己是一個獨立的個體。這是你在人生中第一次屬於某個（家人以外的）群體（你的死黨、你的兄弟）。你會發現，在學校裡，你所屬的群體有它獨有的屬性，而你在你的群體裡，也有你的特有地位。群體中的其他成員會傾聽你的心聲，也很在意你的想法。你在群體中舉足輕重，你們有各式各樣瘋狂的方法來看這個世界，而群體以外的人一點都不瞭解你。

身為這個群體的一員，你很自然地就會被這個群體的屬性所定義，而這些屬性卻不一定符合你的個性！你被納入某個刻板印象；更精確地說，你把某個刻板印象加諸在自己身上。不論你喜不喜歡，別人也是用這樣的分類方式來將你分類。這是本章的重點──當你忙著將別人分門別類時，不要忘了，別人也會將你分門別類！牢牢地將這個觀念記在腦海中，可以幫助你早日成為你想要成為的人。

我們稍後會再繼續討論這點，現在，我們要先討論一些你應該知道的其他事情。別人為你和你所屬的群體下定義，好玩的是，別人所下的定義通常與你們的眞正特質相反。群體通常被不屬於它們，或是它們所反對的特性所定義。簡單有力的「否定」言論（「我討厭大學生！」），總是比清楚定義你所認同的事物（這群滑板族不是龐克，但他們喜歡龐克音樂，然而，他們也不是所有的龐克音樂都喜歡，還有，他們很聰明，但又不是太聰明……）要來得容易許多。

你所屬的群體將會在你的人生中佔有非常重要的地位，想要瞭解群體的運作方式，這是一個很好的切入角度。群體創造了我們生活的世界──不論是高中時期的死黨、大學的兄弟會或姊妹會，還是醫生、商人、高爾夫球友，在你的一生中，你會成為許多不同群體的成員。有些群體會有重覆的成員，而有些群體是獨立的。你可以在一張白紙上用圓圈畫出你所屬的不同群體（死黨、足球隊、樂隊、家庭成員、親戚、員工等等）。

【我有話要說】

聽過來人的忠告

凱莉，二十歲

當個青少年最痛苦的一件事，就是每個人（尤其是你的父母）無時無刻不在給你忠告。我們最討厭的就是忠告。沒有人喜歡別人老是在告訴自己該做這個、該做那個的。我一年前從高中畢業，而且很高興自己終於脫離了那個階段。現在，我在一所州立大學就讀，同時在一家服飾店打工。我的生活變得和從前大不相同，而最大的不同之處，我想大概是我變得比以前更能接受忠告了，也就是我對某些人所說的話比以前更感興趣。我學會傾聽過來人所說的話。

我最糟糕、也是我最氣自己的一點，就是我以前總是只聽和我有同樣處境的人所說的話。也就是說，我只聽朋友的話。後來我領悟到，我應該聽取的是過來人的意見，而不是那些和我有相同處境的人所說的話，才能度過目前的種種難關。雖然，和那些真正知道自己狀況的人聊天，可以得到比較多的認同，因為他們對於你的遭遇總是能夠感同身受，

「是啊，是啊，是啊」地回應，但這並不能給你任何幫助。當我和我的朋友聊起我所面臨的問題時，他們總是非常同情我，並且往往讓我跟著自憐起來，但這無法解決我的問題！

以前，我從來不聽大人告訴我的話，因為他們總是告訴我，我應該做些什麼，那一點也不好玩。我總是忽略那些我應該尊敬的人所告訴過我的話，那時，我只會一味地自憐。這就好像是自己生了病，卻跑去向水電工請教該怎麼辦一樣，這個水電工也經歷過同樣的問題，但他並不知道該如何解決問題。當你在思考人生中該做的事時，你應該向那些成功度過困難的過來人請益，而不是向業餘者求助。不論你的朋友有多麼關心你，他們對於人生中的種種困難只是個業餘者，當你在思考你自己的人生時，你該傾聽專業者的聲音！他們才能給你幫助。你的死黨對於該如何解決你的問題完全沒有概念，而你卻打算靠他們來幫助你。對於那些非常關心你，也經歷過類似問題的父母和其他大人，你卻拒他們於千里之外，因為你認為他們不瞭解你的處境。其實，他們非常清楚你所面臨的狀況，是你自己搞不清楚狀況。因為他們所說的話不中聽，所以你就對他們很火大。你的朋友說你想聽的話，但是，他們和你一樣，對於該如何解決問題毫無頭緒。

現在，每當我有問題時，我會跑去找父母聊一聊。我還是會和我的朋友聊天，他們現在也改變了不少，但我知道，他們和我一樣不知所措，而他們的意見也不是那麼有價值。

他們大多數人的問題比我還要嚴重，我為什麼要仰賴他們來幫我解決問題？

我們都是一家人

高中裡有運動明星、書呆子、橫行霸道的人、龐克族、幫派份子、吸毒者、各種怪胎等等，你可以為每個人貼上標籤。你可以為每個群體下定義，同樣的道理，別人也會把你分類，並加以定義！高中時期，你在學習這項技巧所花的時間，比你在任何一個學科上所花的時間還要多。回想一下，當你要把某個人介紹給另一個人時，你是怎麼說的。你所做的第一件事，就是介紹他所屬的群體、他和你的關聯是什麼（「這是蘇珊，她是我的朋友。」或是「我是在足球隊認識賴夫的。」或是「湯姆和我是同班同學。」）。群體在我們的人生中佔有非常重要的地位。

高中階段是我們首次開始將不同的人做分類。當新的群體對我們愈來愈重要時，舊的群體對我們的重要性就相對變小了。同時，在這個階段，你開始脫離家庭，並以你所屬的群體來定義你自己。對於人生的下一個階段，也就是三十多歲的獨立自主階段，這是個很好的準備，形成這個習慣是一件很重要的事。這個現象的產生是很奇妙的，在你還沒有察覺之前，你就成爲某個群體的成員了，這個群體中包含的是一群和你志同道合的人。和別人建立某種特殊關係，在自我的認定過程中具有很大的影響力，而且有其必要。即使是那些不屬於任何群體的人，也會屬於某個群體——獨行俠。問題在於，我們無法選擇自己屬於哪個群體，這一切自然而然就發生了。

要成爲群體的一份子，最重要的事就是和群體裡的其他成員表現出相同的屬性。你們的說話方式、穿著打扮、行爲舉止、聽的音樂、看的電視節目和電影都相同，你們花很多的時間和精力讓別人很容易就爲你們貼上相同的標籤。我覺得這個現象很好玩，因爲每個高中生都在想盡辦法要讓別人知道他們是多麼地與眾不同與獨立自主。但是，當你轉頭看看其他的群體成員，你打死都不想和他們穿不一樣的衣服或戴不一樣的配件，或是做出任何與你所屬的群體的特性不一致的行爲。你覺得流氓和龐克族是截然不同的。你花了很多力氣來遵循你所屬群體的內規，並和其他的群體做區分。不要辯解，不要否認這個事實，也不要以爲自己有多獨特，你一直努力在做的，就是不要和別人不同！這個情況在你進入高中時就產生了。群體、與群體成員的互動、人際互動、下定義與歸類，這些是高中生的一切。你要清楚地瞭解這是怎麼一回事，並利用它來獲得你想要的東西。

別人會根據哪些人是你的朋友來認識你，因爲大家都知道「物以類聚」的道理。這是一個很重要的觀念，因爲你一輩子都會受到它的影響。我們用這種方式來分類這個複雜的世界，讓這個世界變得更容易應付一些。在開始運用這個觀念時，要記住，別人不只根據「哪些人是你的朋友」來認識你，他們也會根據「哪些人不是你的朋友」來瞭解你！你可以控制自己屬於哪個群體，也可以因此而間接控制了別人對你的看法。這並不容易。所有這些群體建構出一個複雜的世界。當某人從這個群體跑到那個群體時，會破壞群體間的平衡。你不能隨隨便便就跑到「酷哥酷妹」一族的餐桌去和他們一起吃午餐，這樣做是很奇怪的一件事。如果你願意的話，你可以做個實驗，選一個日子，穿你平常不會穿的衣服去上學，然後看看這個舉動會造成多大的騷動。

正確的改變方式

你必須要慢慢地改變你所屬的群體，並且給大家足夠的時間來適應這項改變。你的改變會讓大家開始改變他們對你的看法。你的改變也會展現你的個人風格。當你學會如何正確地做到這一點時，同時也表示你已經成熟、長大了。你的改變將會爲你贏得尊敬。尊敬是不會平白從天上掉下來的，也不是理所當然的，而是要努力贏得的！賺錢需要花時間，因此你需要一個完善的計畫。要贏得別人的尊敬也是同樣的道理。你必須要從別人的角度來看你自己，而不是從自己的角度來看你自己。從你的觀點來看，你覺得你在群體裡是個很酷的人。但是，從大人的觀點看來，你只是個無所事事的青少年。你覺得這兩者之間有什麼差別嗎？我希望你的回答是：「有很大的差別！」

既然如此，那麼，要理解你的改變將會影響別人對你的看法，以及他們如何將你歸類，就不是一件很困難的事了。只要你給人們一個適當的理由，他們就會改變他們的想法；如果沒有任何特殊的理由，他們大概也不會改變想法。當你在求職面談或約會時，你會不會改變你的行爲，來讓別人尊重你？如果會的話，那麼你爲什麼不**隨時隨地**都這麼做呢？用這個方法，你就可以成爲你想要成爲的人。就像本書所提到的任何一個觀念一樣，要達到這個目標，你必須要認眞思考、詳加規畫，並確實執行。

你也許會說，這個觀念很好、很棒，但是，你很喜歡你所屬的群體，你並不想改變。你很熟悉你所屬的群體，在這個群體中，你覺得很自在、很有安全感。你不想做任何改變，這是可以理解的。但是，請你思考一下你的人生目標。你所屬的群體會讓你離你的目標愈來愈近，還是愈來愈遠？你是朝著你的目標前進？還是朝著你所屬群體的目標前進？儘管你認爲自己酷得不得了，但是，別人到底是怎麼看你的？你的選擇眞的是理性的嗎？如果一切能夠重新來過，你會選擇加入另一個群體嗎？你會選擇讓別人用別種方式來定義你嗎？

仔細看清楚自己在這個世界上的定位，而且要從別人的觀點來看。你在**他們的**池塘中是條多大的魚？這個做法每次都奏效。只要你能從某個群體的眼光來看世界，並融入他們的組織（融入這個群體給人的刻板印象），你就能成爲這個群體的一份子。你可以加入酷哥酷妹的行列，你可以和任何人約會，你可以找到工作，只要你從這個「由外向內」的觀點來看你自己，你就可以達成任何目標。對十七歲的你來說，四十七歲的人是個老人，但是對七十歲的人來說，四十七歲的人還只是個毛頭小伙子。觀點決定一切。

控制權

要讓別人從不同的觀點來看你，你必須要先從不同的觀點來看你自己。你也許會認爲自己「看起來」很好，但是，請你暫時放下這本書，找一面全身鏡，仔細看看鏡中的自己。（我相信你一天到晚都在做這件事。）但是，這次試著把自己假想成別人，然後看看鏡中的自己。想一想別人對鏡中的你會有什麼樣的印象。看看你的穿著、你的髮型、你的姿勢。你覺得當別人在看你的時候，他們到底看到了什麼？思考一下，他們是否會尊重你？你會做哪些改變來拿回控制權，做自己想要做的人？如果你眞的認爲一切都很好、你很完美、無需做任何改變的話，那麼你就太傻了。想要改變自己是人性的一部分。唯一的問題在於，我們總是會顧慮別人到底會怎麼想，而不敢做改變！但是，改變是絕對必要的！你應該希望去改變別人對你的看法。你應該希望能夠控制別人是如何看待你的。

你可以任意改變你的髮型、衣著與外表，但是，我所指的並不是這個。（當然，如果你的外表本來就很糟糕的話，這又另當別論了。）你的外表提供「線索」，讓別人根據這些「線索」來判斷你是個什麼樣的人，但是，只改變外表就像是舊酒裝新瓶一樣，別人只會被騙一次，唯有徹底地改變才能讓別人對你另眼相看！你必須改變你的內在，你必須改變你的態度，以及你的內在投射到這個世界所產生的形象。

完滿的人

要變成你想成爲的人，沒有誰能比得上一位名叫埃比克提特斯（Epictetus）的古希臘哲學家更瞭解這件事了。這位哲學家生於西元一世紀的羅馬（也就是二千年前）。他是一個奴隸，但是，他對於自由與獨立有著極大的熱情（就像年輕人一樣）。他的一生相當悲慘，因爲身爲奴隸而被虐待至殘廢。當他年老時，無法再工作，因此被丟到街上任其自生自滅。你以爲你的日子很難過嗎？看看他的日子吧！羅馬在當時還不是一個美麗的城市。當時的皇帝尼祿（Nero）是個暴君，他時常把人丟進競技場與野生動物搏鬥。謀殺、性侵害、犯罪在羅馬層出不窮。（還記得歷史所記載的，尼祿一邊焚燒羅馬城一邊拉小提琴作樂嗎？有一種說法是，那場吞噬羅馬的大火是有人故意縱的火，目的是要「洗淨」這座城市的種種罪惡。）

總之，埃比克提特斯被丟到大街上，一文不名。他的「船」很糟糕，而且被歸類爲很糟的「族群」（奴隸）。他開始在市場上教人哲學，他的教學很具影響力，後來還成爲羅馬城裡最有影響力的人。他曾經教過一個名叫馬可・奧勒利馬斯（Marcus Aurelius）的青少年，奧勒利馬斯後來成爲羅馬皇帝，並帶領羅馬進入黃金時期。

埃比克提特斯教過很多東西，他的書很值得一讀（雖然他的書很難讀懂），也值得我們加以好好思考。在本書中，我只列出幾個和本章有關的重點。

●忍受與釋放

埃比克提特斯非常清楚群體的運作之道。他知道，一開始，你必須忍受別人對你的批判，因爲你無法控制他們。然而，透過自力更生、自我展現，在經過一段時間之後，你可以改變別人對你的判斷，使他們釋放對你的控制，因爲他們再也不能影響你了。不要忽視別人對你的批判，但是，也不要讓別人的批判影響了你的行爲。

●責任

埃比克提特斯認爲世界上並沒有「好」與「壞」，是人們將「好」與「壞」的評價附加在事物之上，而且，同樣的東西對不同的人來說，有著不同的評價。我們怎麼評價別人，別人就怎麼評價我們！我認爲埃比克提特斯對早期的基督徒具有很大的影響力，當時，基督徒才剛進入羅馬城。（他們宣揚著：「自認爲沒有罪的人就可以丟第一塊石頭。」以及「不要批評別人，免得將來也被別人批評。」）埃比克提特斯認爲，每個人都必須爲自己的行爲負起完全的責任，沒有人能對我們的「自由意志」產生任何的影響。換句話說，你不該有任何藉口，不論你喜不喜歡，你都要爲自己負起完全的責任！榮譽感與責任感是同時存在的。做正確的事，只因爲那是該做的事，而不是爲了要得到某些獎賞或是逃避某些災禍。

●理性爲萬善之首

我們的思考決定了我們是個什麼樣的人；我們的喜好與嫌惡（換句話說，也就是我們的選擇）決定了我們的幸福與快樂。沒有得到我們想要的東西，或是遭遇到我們想逃避的問題，會引發我們的追逐與悲傷，所以，我們應該控制自己的喜惡，並進一步控制我們的熱情與快樂。你要非常清楚自己選擇去喜歡或討厭的東西是什麼。醒醒吧！看看自己在做些什麼。

【我有話要說】

期望

班，十九歲

事情接二連三地接踵而來，老天爺，到底發生了什麼事！

當我十六歲時，擁有生平第一輛車。那是一款四輪傳動的雪佛蘭太浩（Tahoe），雖然是二手的，但仍然很酷。在我得到那輛車之後的幾天，我開始做傻事。我和一個朋友開車到處亂闖，雖然我知道我不應該這麼做。我朋友家附近有一座小山丘，那禁止車子通行，但我還是開了上去。我原本以為山上是一片平地，但事實上那裡有一個很大的下水道，於是我的太浩就被卡在那裡，結果叫了兩輛拖吊車才把它弄出來。

總之，我因此被禁足了。我覺得很不公平，而我在整件事情上的態度也很差。至少我爸媽是這麼告訴我的。後來我又做了一些其他的蠢事，惹上更多的麻煩，他們就不讓我開車，我也因此更生氣。我在學校的成績愈來愈糟，我媽管不了我，於是要我去和我爸住。暑假時，我去上暑期班，一切都相安無事。然而，當學校開學後，我又開始惹麻煩，還在朋友爸媽的船上喝醉酒。現在換我爸管不了我了，於是又把我送回我媽家。

高二一整年我都是這樣過的，惹上麻煩，然後很氣自己被處罰，然後又惹上更多的麻煩。後來，我和不同的朋友來往，開始吸毒、抽大麻和喝酒。我爸我把趕出他家，我媽也把我趕出她家。於是我就住在我的車上，住了好幾個星期，那種日子並不好過。後來，我爸媽一起來找我，告訴我可以回家，於是我回到我爸家。在那個週末，我趁我爸睡著後偷偷溜出去，跑到一個女生家，結果被那個女生的媽媽逮到我躲在她女兒的衣櫃裡。

每件事都被我搞砸了，我只希望我能早點畢業，開始獨立生活，這樣就不會有人來唸我，時時刻刻告訴我該做些什麼了。所有的事都很糟，於是我開始思考我到底在做些什麼，並思考為什麼每件事都變得這麼糟。我想，我所做的蠢事害我惹上麻煩，而我之所以會惹上麻煩，是因為我老是以為我應該不會被抓，但是，事實上我每次都被逮到！

我想，也許我不該心存僥倖，我應該預期每次做壞事都會被抓。當我開始這樣想的時候，我就不再做蠢事了。我會想，如果我做壞事被抓到，會惹上很大的麻煩，而這到底值不值得？於是，我不再做蠢事，也不再惹麻煩了。這一來，我就不會覺得每件事都讓我很生氣，也不想再去惹麻煩了。當我想通這點時，我想我好像長大了一點。

埃比克提特斯的哲學和「靜心禱文」（Serenity Prayer）一樣發人深省：「請讓我靜心接受我無法改變的事物，請給我勇氣去改變我有能力改變的事物，也請給我能夠區分這兩者的智慧。」

這個觀念非常值得學習。埃比克提特斯的意思是，這個世界上所發生的種種事物，絕大部分是我們沒有能力控制的。你無力控制，但你又想要控制，就導致了悲慘的結果。他說，事實上，你只能控制三件事：你的行爲、你的思想，以及你願意讓事物對你產生多大的影響。這一切都和我們先前討論的「群體」和「族群」有關，以及和區分群體的觀點與形式有關。

你可以依照自己的選擇行動，你每一天、每分鐘都在這麼做。你的一舉一動應該是你自由意志的決定，而不是隨波逐流的盲從，或是依照別人對你的「期望」而行。

你可以控制你的思想內容和方式，而這就是運用你的自由意志，對這個世界產生積極影響力的方法。

最重要的一點是，你可以控制事物對你所產生的影響。假如有人在走廊叫你「娘娘腔」，你是否會因此大動肝火？你要在乎別人怎麼說你嗎？你覺得是你有問題？還是他有問題？你有權力決定該選擇何者，而當你接受別人的觀點、讓別人影響你時，你已經讓別人控制你了！

你自己的狀況只有你自己最清楚，這是最重要的一點。行爲正直，別人就會尊敬你。做值得讓人尊重的事，別人就會尊重你。發自內心去做，經過一段時間後，每個人都會知道你是個什麼樣的人。這是唯一的方法，去打破別人爲你下的定義，給你設的框框。運用你的自由意志，做自己想做的事，你就可以成爲你想成爲的人。

Life is not fair

重點整理

我希望現在你已經知道，我們無時無刻不在根據別人的社會特質來定義他們，也不斷地對別人形成刻板印象，而別人也在對我們做同樣的事！想一想你所屬的群體，以及你是怎麼變成這個群體的一份子。想一想你的死黨所相信的和不相信的事物。想一想你所屬的群體止朝哪個方向前進，這和你想要前進的方向相同嗎？想一想新群體的產生和舊群體的消失，你知道它們爲什麼會發生嗎？瞭解群體的運作之道，瞭解你有選擇權，你可以決定要和哪些人在一起。你是個獨立的個體，思考一下自己的人生方向，同時思考你所屬的群體會讓你離你的目標愈來愈近，還是愈來愈遠？學習從別人的角度來看你自己。你可以控制你的外表，也可以控制你的內在思想。不要忘了埃比克提特斯所說過的話！尋找自己喜歡的事物和避開你所厭惡的事物。要知道，世界上大多數的事物都不在我們的掌控之中，因此，你該關心的是你的行爲和你的思想，更重要的是，你要控制事物對你產生的影響力。

現在，請你花一點時間討論以下這些問題：

- □ 你對刻板印象有什麼看法？
- □ 你是怎麼被歸類爲你現在所屬的群體？
- □ 你覺得別人會怎麼認定你？
- □ 你該如何宣告自己的獨立性？
- □ 你想要改變自己外表與內在的哪些部分？
- □ 你對埃比克提特斯的「你能控制和你無力控制的事物」的觀點有什麼看法？
- □ 你如何控制事物對你產生的影響力？

Lesson 8

血濃於水！

當危機發生時，家人將是你唯一的依靠

Life is not fair Life is not fair Life is not fair

血「濃於」水的說法也是出自聖經。大多數人對這句話的理解是，「家族」的關係是個義務，你應該要把「血親」排在第一優先（和其他非家族的群體相較之下）。這句話常被當作一種警告，意思是，你一定要照它所說的去做，否則就有大麻煩了。這句話是個命令，要你將家人放在其他的族群和關係之上，而且要你爲家人負起更多的責任。你因此覺得，你「欠」你的家人，所以你對他們有責任，但是這種責任卻讓你想要逃避，因爲你不喜歡家人要求你做的事，你只想輕鬆過日子。

家人要求你做的種種事情，讓你覺得家人眞是麻煩，還因此向你的朋友抱怨。（他們要我做這、做那的，支使我到這裡、到那裡，還要我這樣、那樣地對別人說。）他們這種支使的態度讓你不想幫忙分擔任何責任。雖然如此，你還是要認眞去思考家人所代表的意義，並瞭解爲什麼幫家人的忙是一件好事。你要逆向思考「血濃於水」的道理，並從這個角度來看責任這件事。

如果一切只是個騙局

如果你由外向內看，你會發現「血濃於水」指的不是你對家人的義務，而是你家人對你的義務。我所謂的「家人」，指的不只是你的父母，而是整個家族，包括阿姨、叔叔、祖父母、兄弟姊妹、表兄弟姊妹、姪女、外甥等等。你永遠不知道哪一天、哪個親戚會助你一臂之力！「血濃於水」所代表的意思是，當你面對外面的廣大世界時，你的家人將會是永遠眞心支持你的人。

人生的眞理是：如果你希望你的家人隨時都會幫助你，那麼，當他們需要你的時候，你要很慶幸自己能夠助他們一臂之力。「不要問你能爲你的家人做些什麼，但要問你的家人能爲你做些什麼！」（扭曲一下甘迺迪的名言。）這就是爲什麼「血濃於水」是個很重要的道理。毫無疑問，你在未來將會有許多機會需要家人的幫助，而且這種幫助是只有家人才能夠（或願意）給予的。這就像是個銀行的帳戶，我敢保證你在未來一定會需要從這個帳戶提款，因此，你最好從現在就開始存款。

「血濃於水」表示我們應該要對家人好一點，因爲我們也需要他們在未來對我們好一點。這也就是未雨綢繆，預知自己在未來將會面臨（許多）危機。當危機發生時，你的家人將是你唯一的依靠。這是一個堅定不移的眞理！你可以做個實驗來檢驗這個道理。跑去跟你的朋友說，你遇到了一個很大的問題，你現在就需要兩百美元。要認眞地說，告訴他們，你有苦衷，不能告訴他們你要用錢的理由，但你在二十四小時之內就需要這筆錢。看看他們會不會給你這筆錢。看看他們能不能通過這個實驗。不要用想像的，要實際去做！看看誰會眞的給你這筆錢。

【我有話要說】

我的弟兄們

文森，十七歲

我有一群好弟兄，我們真的很要好。幾個星期前，大概是星期六吧，那天我在家沒事幹，而尚恩和幾個弟兄在商場裡亂逛。他們遇到一群愛逞凶鬥狠的年輕人，想要把他們趕走，那群人大約有三十個人，而我們這邊只有小貓兩三隻。

他們相互叫囂，並約好晚上八點要在公園「教訓」對方。我們狂 call 同伴，把大家找來，也把交通工具與「傢伙」準備好，大概是鐵管與鐵鍊之類的東西。大夥兒蓄勢待發，準備大展身手。

總之，我和另外一個弟兄到了公園，那裡已經停了一堆車子，現場一片混亂，我們走過去，看到對方聲勢浩大。他們的人很多，傢伙也很多，我們朝著我們的人走過去。這時，我聽到警笛聲出現在路的盡頭，我一時呆住了，動也不動地站在原地。總之，在一陣刺耳的煞車聲中警車停了下來，就停在我們所站的地方。所有的車燈都亮了起來，我們被警車的大燈直直照射，愣在原地。我知道我們慘了，因為警察來了！

我轉頭看到大家四處亂竄，這時警察掏出手槍，叫大家不許動。我往後看，看到強尼他們。我是因為強尼打電話給我，我才來的，但是他現在卻到處逃竄，不過，他有看到我，我們只是互相看著對方，沒有說話。結果，強尼和其他的弟兄都逃掉了，只有我和另外一個人被抓。我們誰也沒有「教訓」到。我身上帶著一把刀，現在，我爸媽必須要陪我上法庭。

朋友是一時的，而家人是永遠的，不過，你還年輕，還不懂得這個道理。在家庭中有一種流通「貨幣」，叫做「善意」。它指的是你對他們懷有善意，而他們對你也懷有善意。不論是否意識到這點，你的家人通常已經預期你會遇到問題，有些家人甚至很高興你有問題，也很願意幫助你。不過，這是互相的，假如你家人的帳戶存款（你的善意）用完了，他們也會開始做停損的動作。也就是說，你會發現他們幫助你的次數愈來愈少。我敢向你保證，總有一天，你將會需要向家人「貸款」（也許貸很多的款），而且是迫切地需要。所以，現在就開始存款吧！

請把豌豆遞過來

「家人能幫的忙也許不多，但他們是你唯一的依靠！」你應該從這個角度來看你的家人。年輕人總以爲世界會永遠如此，並以自己爲宇宙的中心，因此，他們不太能瞭解家人的影響有多長久。他們只看到眼前的一切，從來沒去想過自己三十五歲的聖誕夜會是什麼樣的情景。你和你的家人都會出現在聖誕夜的晚餐桌上。十八年過去了，而在這十八年當中，會發生許多事情。（不要忘了，時光飛逝，你無法阻止。）你和你的家人坐在餐桌上，那時，你大概會對他們在這十八年來給你的幫助（不論是在財務上、情感上，或是勞力上），心懷感激！

希望他們那時也會對於你曾經對他們伸出的援手心懷感謝。如果那時你還記得你曾經讀過這本書的話，你大概會也去思考，在過去十八年來，有多少朋友曾像家人一樣地幫助著你。我猜，不會太多。朋友來來去去，而家人永遠都會在那裡。這是人生的眞理，只是你在這個世界上待的時間還不夠久，所以你還沒有機會看到這個情況。

家人是沒得選擇的，你生在哪個家庭，就和哪些人成爲家人。眞正的家人也和電視上所呈現的家庭，或是我們想像中的家人大不相同。家人的互動就像是太陽系中的恆星與行星。大多數的情況是，小孩以父母爲中心，在父母的影響範圍內運行。同樣的道理，你的父母有可能仍然繞著他們的父母而運行。傳統上，小孩運行的範圍不會離父母親太遠，因爲父母提供他們所有生活上的必需品，例如食物、房屋、生理和心理上的安全感。直到小孩開始獨立在外生活時，他們與父母的距離才會拉大。但是，他們仍然繞著父母運行，只是距離變遠了。

當小孩開始自組家庭時，他們也成爲自己小孩的運行中心，同時，他們與父母的關係也不再那麼緊密。到最後，當父母的年紀漸長、身體較差時，他們會反過來開始繞著自己的小孩運行。不論在任何時候，每個家庭都會有一個運轉中心。家庭的運轉中心不斷地在改變。

想像一個家庭，祖父身體健康、事業成功，祖母慈祥和藹，而且家族人口眾多。聖誕節時，孩子們（以及他們的小孩）會回家團圓吃聖誕大餐。所有的人會在這個家族的運轉中心集合。但這個運轉中心會隨著時間的流逝而改變。你是影響範圍內的一份子，有一天，你也有可能會成爲運轉的中心。

從家族樹的角度來看，運轉中心就是支撐整棵樹的樹幹。每根從主幹分出來的分枝，有可能只是單純的一個分枝，也有可能成爲另一個支撐其他樹枝的強壯主幹。順著這個家族樹追本溯源，你可以從你的家庭回溯到地球上的第一個人類家庭。在這個圖上，有些分枝會無疾而終，而你的家族分枝卻綿延不絕，你的存在就是最好的證明。人類不斷地努力奮鬥，就是爲了要讓子孫延續下去。雖然，今日的家庭看起來好像都是獨立存在的，但不要忘了，每個家庭都和自己的家族樹相連結，而你是下一個分枝。

這個傳統的家族樹有時也有例外。有時候，由於離婚、個人或財務上的問題，或是毒癮等問題，會讓小孩提前成爲家庭的運轉中心。這是一個很辛酸的狀況，我們常聽到一些青少年支撐一個家庭的故事，他們的父母因爲某些原因而無法照顧他們；即使如此，家庭對他們仍然很重要，也許比一般正常的情況還要重要，而且仍然與家族樹相連結。在這個情況下的青少年，比較能理解一家人團結在一起互相支持的重要性。善意的帳戶仍然需要存款，只不過，在這個情況下，父母是提款人，而小孩是存款人。

家人的問題在於，當你需要他們的時候，沒有人可以取代他們，但是，在大多數的時候，他們是很煩人的。他們會對你有許多要求，特別是當你是個青少年的時候。遇到這個情形時，你就把它想成是你在存款。這有點像是某些人對於戰爭的描述：「無止境的等待，伴隨零星的驚駭、恐慌與害怕。」儘管家人有時候很煩人、常常惹我們生氣，我們仍然要忍耐，因爲我們在未來將會需要他們的幫助。

壞事會發生在你的身上。每個人都會遭遇到不幸的事件。你有可能生重病、因意外受重傷、被警察逮捕、懷孕或是讓別人懷孕、破產、失業、沒有房子住。你有可能會染上毒癮或酒癮。這些情形會發生在很多人的身上，因此，你最好確定自己在家人的帳戶中有足夠的存款，以備不時之需。家人的支持並不總是金錢上的支援。有時候，當壞事發生時，我們最需要的是知道自己並不孤單，有家人站在你身邊。這裡的人生眞理是，你永遠有需要支援的時候，就像是銀行帳戶一樣，唯有當你有存款的時候，你才能提款！

你無法拒絕的選擇

在繼續討論下去之前，先思考一下我們對家人的期望。家庭是一個複雜的集合，而且它的規則不斷在改變。它很難以理解，因爲它是我們所屬的第一個群體，而且我們沒有選擇，一切都是老天的安排。你出生在哪個家庭，你就是哪個家庭的人，沒得商量。同樣的道理，你也永遠無法離開你的家庭（就像是黑手黨一樣，難怪他們稱彼此爲「家人」）。不論是在順境還是逆境，你的家人依靠你，你也依靠他們。問題在於，我們常在腦海中建構一個理想的家庭，而當我們看到自己的家人時，我們的反應是：「等一等，這不對！」我們理想中的家庭和我們眞實的家庭並不相同，就是這個差異，讓我們無法好好運用我們的家人，並眞正瞭解他們的價值。要好好善用家人並瞭解他們的價值，必須要先將我們的期望與現實分開。

今日，我們對家人或人生的期望來自媒體，而且主要來自電視。這造成了很大的問題。以前，人們對家人與人生的期望來自親身的經驗。在當時還沒有所謂的媒體呢！人們對家人的期望來自於其他眞正的家庭（他們的祖父母、阿姨、叔叔、表兄弟姊妹、鄰居的家庭）。他們對人生的期望來自於周遭人物的眞實人生。當時，人們住在小城鎮、小社區，而現今，我們可能已經不住在小城鎮、小社區了，就算我們住在小城鎮、小社區，周遭也不可能再有那麼多的親戚。我們連自己的鄰居都不太認識。我們每幾年就換一次住所。就是從這裡開始出問題的。

我們不太有機會去認識我們的鄰居，而且只在過年過節時才見到親戚，因此，我們只好從別的地方尋找模仿的對象，很不幸的，我們找到的是電視。我們開始期望事情就像電視上所演的那樣。現在，我們花很多時間看電視，電視節目裡的人物取代了親朋好友和鄰居。有時候，我們甚至忘了電視裡的家庭並不是眞的。在眞實生活中，並不是所有的人在最後都會彼此擁抱。在眞實生活中，人們要工作。在眞實生活中，馬桶需要有人清洗，而垃圾需要有人去倒。

由於我們期望自己的家庭應該和電視上虛構的家庭一樣，因此，我們對於現實生活中該做的事，常常覺得很不公平。電視裡的家庭都不需要做這些事情，他們整天都在玩樂，我們爲什麼要做這些事呢？電視節目的這項本質並沒有改變，但劇中人物的行爲卻隨著時代的改變而有所不同！在你父母的心目中，「核心家庭」才是正常（一個家庭中有一位父親、一位母親，再加上兩個小孩）。你父母對家庭的期望來自於他們小時候所看的電視節目。對你的父母來說，理想的家庭應該像《唐娜．瑞德秀》（*The Donna Reed Show*）、《老爸萬歲》（*Father Knows Best*）和《天才小麻煩》（*Leave it to Beaver*）中那樣。你應該找機會看看這些電視節目，來瞭解你父母的想法。儘管你父母的家庭和這些影集中所描述的家庭一點也不相似，他們的腦海中仍然存在著這些虛構的理想家庭。你所屬的世代較你父母晚，因此，你看的是不同的電視節目，在你心目中，家庭應該像《凡夫俗妻妙寶貝》（*Married with Children*）、《左右難做人》（*Malcolm in the Middle*）、《辛普森家庭》（*The Simpson's*）與《奧斯本家庭》（*The Osborn's*）那樣。你以巴德、麥爾坎或霸子爲模仿對象（譯注：八、九〇年代青少年熟悉的電視角色），但你的父母卻期望你成爲威利或比佛（譯注：這些爲五〇年代青少年熟悉的人物）。同樣的道理，你希望你的媽媽像巴德或麥爾坎的媽媽一樣，但你的母親卻希望自己能成爲唐娜・瑞德。就是這裡出了問題。事實上，我們沒有一個人像他們。

這些神奇的虛構家庭（不論是現在的還是過去的）從來不會遇到眞正的問題，他們在劇中需要應付的只是：威利第一次把車子的擋泥板弄壞、奇怪親戚的無預警造訪、艾爾・邦迪偷溜進脫衣酒吧，或是荷馬想出的最新快速致富妙招。你父母成長的家一點也不像君・克里佛（June Cleaver）所住的房子（譯注：君・克里佛是《天才小麻煩》劇中的母親），而你家一點也不像麥爾坎的家。

你父母現在的房子仍然不像唐娜・瑞德的房子，他們也沒有一套完善的家規（來自周遭親朋好友的個人眞實經驗）可遵循。他們被迫自己訂下自己的家規，而且，唐娜・瑞德永遠也不用面對疾駛車輛的瘋狂掃射、小學生的性行爲，或是不斷激增的毒品與疾病（例如搖頭丸與愛滋病）。你的雙親現在都必須工作來維持家計，此外，離婚率屢創新高，再加上酒癮與毒癮的問題，這一切讓這一代的小孩有不少人要生活在問題家庭裡！

從這個歷史的觀點來看事情是很重要的，因爲家庭的延續是連綿不絕的，每個家庭都可以追根溯源到盤古開天時。每個家庭都有它自己的悠久歷史，同時也有前人一代代傳下來的問題。如果你能瞭解父母以及他們的父母在他們年紀小的時候過的是什麼樣的生活，你就更可以瞭解你的父母和你的家庭爲什麼是現在這個樣子了。

年輕人希望所有的人都從他們的觀點來看事情。如果你能從你父母的觀點來看人生，那麼你就可以看出家庭的價值，以及你可以從中獲得些什麼。不要忘了，你的父母也是人！父母和家人都不是完美的；每個人都有一大堆問題。你對這個家的貢獻，可以用你究竟是減輕還是加重家裡的問題來衡量。你是幫忙，還是幫倒忙？你的貢獻是什麼？有句話是這麼說的：「同一個海浪會公平地將所有的船隻推到同樣的高度。」它的意思是，改善環境條件對家裡的每一個人都有好處。爲你的家多做一點事，不僅對你的家人有好處，也會讓你的家住起來更舒服、更愉快！

有些事是自己一個人辦不到的

努力讓家人之間的感情更緊密，你就有機會善用家人的力量，並得到家人最多的幫助。你花時間精力爲你的家庭付出，你就可以享受家所提供給你的安全與舒適。家庭是人生中一張很棒的安全網。你要從你父母和兄弟姊妹的觀點來看事情，並想想你三十五歲時的聖誕晚餐。爲你的家人付出是一件很值得的事，這個代價在你有需要的時候就會顯現出來。這裡指的不只是金錢與遭遇困境時的奧援，不論在任何情況下，家人所能給你的最有價值的東西，就是忠告！

年輕人痛恨別人給他們忠告，但是，所有的人都最想給年輕人一些忠告。年輕人之所以痛恨忠告，是因爲他們最想要的，就是希望別人知道他們什麼都會、什麼都懂。（就像學步幼兒得意洋洋地向媽媽說：「媽，妳看！我不用扶就會自己走了！」）在他們的內心深處以爲，如果他們「聽了」別人的忠告（甚至還不是「接受」），他們馬上就矮了一截，他們獨立自主的能力就此遭到質疑。這是所有年輕人都會有的想法，也是世界上最笨的想法。要學會善用你家人的力量，你就必須要先捨棄這種想法。

忠告是這個世界上最珍貴的東西。世界上賺最多錢、地位最崇高的人，都是給別人忠告的人。人們付大把鈔票給醫生、律師、會計師、承包商、顧問和建築師，就是爲了要得到他們的忠告與建議。這些人會告訴人們該怎麼做。美國總統擁有一支包含數千人的行政團隊，這些人的唯一工作就是給總統忠告！就像是總統要爲一切負起責任一樣，接受忠告的人也不能推卸責任，他們仍然要爲他們所做的決定負責。你絕對不會看到總統說，他之所以會做錯決定，是因爲這個人或是那個人給了他錯誤的建議。善用別人給予的忠告並做出決定，你才能獲得成功。你得到的忠告愈好，你所做的決定就會愈正確。這也是得到必要資訊的方法之一！

學習如何得到與接受忠告，以及如何「善用」別人的觀點與經驗，是一門很大的學問。接受好的忠告會讓你更成熟，不會減損你的自尊和能力。家人最大的作用就在於此。毫無疑問，你要好好善用這項資源！他們能提供你非常寶貴的忠告，而且是免費的！

【我有話要說】

我的親密愛人

艾莉西斯，二十歲

我爸媽非常討厭史提文。他惹上很多麻煩，而且還販毒，但我就是想和他在一起。我一向都很乖，現在我想使壞一下。史提文一開始對我很好，他會做東西給我。不是用買的，而是親手做的，例如附上情詩的拼貼畫，我真的很喜歡這些東西。一開始，我爸媽不怎麼管我們，但是，當史提文出現在我家的頻率增加後，他們就想要多瞭解他一點。

事情的發展很奇怪，我原本有一些男性朋友，我爸媽也都認識他們，但一段時間之後，他們突然不見了。史提文也是一樣，他後來就不再做東西給我，而且對我很壞。就算我爸媽沒有叫我跟他分手，我大概也不會再理他了。

但我爸媽愈是叫我不要和他在一起，我就愈想和他在一起。事情愈來愈糟。一開始，我因為和他見面而被禁足，然而我總是有辦法。於是我爸媽就不讓我用車。他們對我的限制愈多，我就愈想要和史提文在一起。這真的很奇怪。後來，我爸媽被我氣炸了，就把我送到紐奧良去和我的生父一起住。我被送到紐奧良，整天坐在沙發上看電視，看了整整一個月後，終於又回到我家。

回到家之後，我又開始和史提文在一起，我爸媽真的很討厭他，於是我們一天到晚吵架，情況真的很糟，而我一心只想逃家。後來，我們學校舉辦一個宗教靜修的活動，我爸媽求我去參加，我答應了，因為只要能夠離開家，做什麼都好。

我去參加靜修，那裡的情況也很糟。有一個晚上，我們有五個人一起聊天，不知怎麼的，大家開始把心裡的話都講出來，把自己所做過的錯事都說出來。我告訴這些陌生人，我不需要男朋友，也不需要等待某個人帶給我快樂，只有我才能帶給我自己快樂。這些話讓我開始思考我所做過的一切。我好像找到了自我。我發現，我唯一需要的是我自己，而不是一大群人來告訴我該怎麼做，他們的聲音讓我聽不見我自己的心聲。回家之後，我把史提文給甩了，並開始思考我爸媽所說的話，因為他們是對的，我也變得比較願意接受他們說的話，而不再認為他們一心只想指使我。他們其實是想幫我，但是我以前就是聽不進去。

支援報告

不論你對家人有什麼看法，家人可以幫助你處理許多人生上的問題，你也可以反過來幫助他們。即使你覺得父母對於你的問題毫無頭緒，但是，他們在這個地球上已經待了五十年，他們有許多人生經驗可以告訴你，不去善用這項資源的人，是個笨蛋。知名喜劇演員理查・派爾（Richard Pryor）曾經說過：「沒有所謂的老糊塗，因爲人老了自然就會有智慧！」

善用家人的最好方法，就是善用他們所給予的忠告。你並不一定要接受他們給你的建議，但是，不同的觀點可以幫你更周詳地思考你所面對的問題。傾聽別人的忠告，這是在家庭帳戶存款的好方法。這麼做，可以讓你的家人知道，你很在意他們的看法。這會讓他們覺得很開心，並且會讓他們願意盡全力爲你做任何事情。在你的一生中，家人是唯一不會給你壞意見的人。他們希望你一切都好，因爲也許有一天他們也會從你的家庭帳戶中提款。他們也知道，他們都要參加每年的聖誕晚餐，在正常的情況下，他們也不希望你認爲他們對你不好。

現在，當你思考「血濃於水」的道理時，你應該可以看出家人的影響力和重要性，同時也知道自己該扮演什麼樣的角色，才能讓他們成爲你最大的助力。你應該清楚自己對家人有什麼樣的責任與義務。你是一條長鍊中的一個環節。你必須要支持你的家人，這樣他們才會支持你，這種支持在你組成屬於你自己的家庭時，就顯得格外重要！家人的意義就在這裡，而不是你在電視上所看到的那樣。我們需要爲家人付出努力與時間，才能將大家緊緊維繫在一起。

要參與，要投入！關心你的父母與他們的生活。（很多年輕人其實不知道自己爸媽的職業到底是什麼！這點讓我覺得很誇張。）關心你的兄弟姊妹。認眞去想，自己可以做哪些事情（不用等別人來告訴你），來讓大家的生活過得更愉快。看看四周，這也是你的家！看看有沒有什麼東西是需要收拾的？做家裡的一份子。成爲這個家庭的資產，而不是問題。

請家人給你忠告。當家人需要時，也給他們你的建議。這樣做的回報是很大的！不要把家當作旅館。不要以爲不去動手，事情就會自己完成。當有人請你幫忙時，要很慶幸人家願意請你幫忙，要很慶幸自己能夠幫得上忙。沒有家人的人，願意用一切來換取這樣的機會。

要知道，沒有人是完美的，特別是你的父母與兄弟姊妹。對於餐桌上的三餐，要心懷感恩（要有人去賺錢、買菜、煮菜、清理，你才有三餐可享用）。對於家裡的那張餐桌，要心懷感恩（要有人去承擔起房屋貸款、工作、壓力、對家庭的責任，你才有這張餐桌可用）。不要像個小孩一樣！把家人維繫在一起，家人間的情感連繫愈強，在你需要幫助的時候，你就愈能倚靠他們。

但是船長，我們需要更多的動力！

最後一點，不論你多麼投入你的家庭，不要期望他們會像電視裡的虛構人物一樣，永遠都那麼友善與美好。家人之間的距離太近了，大家天天在同一個屋簷下生活，所以一定會產生衝突與歧見。家裡有許多事情是不公平的。接受並面對家人的缺點。要一起生活不是件容易的事。沒有人可以事事稱心，這個世界上也沒有所謂的完美。有時候，當我想到家人時，我會想到影集《星鑑迷航記》（*Star Trek*）裡曾演過，寇克艦長（Captain Kirk）和史巴克（Spock）被困在「佛肯的死亡之環」（Vulcan Ring of Death）中無法脫逃。他們必須要把對方殺死，才有機會脫逃。這就像是家庭一樣，只不過一個家庭裡所包含的人數更多，因此，有更多的人被困在他們自己建造的「佛肯的死亡之環」裡（當然，不需要有人眞的死掉）。我之所以會想到這個畫面，是因爲家人的牽絆常常把家變成一個無法逃離、充滿敵意的地方，但是，家不只是由負面的人性慾望所形成，它同時也有人性的善良面——愛、關心與情感。人性的負面慾望在家庭中有許多發揮的機會。家人相處的時間很長，所以就有很多恩恩怨怨會出現。大多數對家庭的討論都自動避開這個部分，但這卻是家庭的一個重要部分。忘了唐娜・瑞德吧！想一想寇克艦長和史巴克！

貪婪是推動一個家庭的引擎。（「誰把最後一塊餅乾吃掉了？」「爲什麼湯米分到的那塊比我的還要大？」「蘇西有一輛腳踏車，而我卻只有這個破爛的……」）我們都希望父母能像明智、正義、公正的索羅門王一樣明察秋毫。但他們不是索羅門王！他們只是一般人。有時候，你得到的比較多，而有時候，你得到的比較少。就像人們所說的，到最後，一切都會扯平。想一想當你在抗議不公時，你的樣子和語氣有多麼「貪心」！大方一點，成熟一點。要知道，該是你的，就一定是你的。不要像個小孩子一樣愛計較！

如果貪婪是推動家庭的「引擎」，那麼罪惡感就是把家庭維繫在一起的「螺栓與螺帽」。過去的貪婪會造成現在的罪惡感。如果某人讓你覺得有罪惡感，要明白，並不是這個人讓你去做某些事，是**你**讓你自己有罪惡感的，而你做某些事的原因，是因爲你覺得你應該這麼做。如果你是完美的，你永遠都不會有任何罪惡感或悔恨。沒有關係的，不要期望自己是個完美的人。有很多很多的事情會讓你產生罪惡感。當你開始這樣想的時候，你會發現，慢慢的你就不會去做那些會引發罪惡感的事情。沒有人喜歡罪惡感，那是一種藏在內心深處的不平之聲。學習如何獲得解脫。當你做錯事的時候（這種情形一定會發生！），一定會有不好的後果，而你的家人會爲你善後。他們在教你怎麼避免罪惡感的產生。他們在教你如何成爲一個頂天立地的人。當你做出對不起家人的事情時，要自己認罪。坦承犯錯，並接受犯錯的後果。呼的一聲，你的罪惡感就消失了！

如果貪婪是引擎，罪惡感是螺栓與螺帽，那麼忿恨就是腐蝕每個家庭根基的鐵鏽。忿恨就像是個壓力鍋。它像癌細胞一般無聲無息地增長，並且在我們最料想不到的時候爆發出來。它就是俗話說的「壓死駱駝的最後一根稻草」。

「虧欠」是幫助忿恨滋長的「養分」。同樣的事物對不同的人有不同的價值。對你來說，當你要妹妹不要向你媽打小報告說你打破花瓶時，你認爲買一枝棒棒糖給她，應該就可以抵銷這筆帳了，但是，對你妹來說，這樣還不夠，你還是欠她一些東西。因此，當她希望你再給她別的東西來抵債時，你會覺得她太貪心了，並對此感到忿恨不平。如果你還是不照她所說的去做，她就會忘了你曾經買棒棒糖給她，並把你打破花瓶的事抖出來。因爲她對你的自私忿恨不平！當你媽發現是你打破花瓶時，她會氣你做錯事，而且還對她說謊。她不僅讓你有罪惡感，同時還會懲罰你！而且她也會氣你爸爲什麼要在事情發生的時候去打高爾夫球。你爸又會因爲你媽要他做「她」該做的事情而生氣。忿恨的雪球就這樣愈滾愈大。你以爲會有例外嗎？所有的家庭（事實上是所有的群體）都是這樣。

幾個月之後，你妹需要你幫她忙，而你馬上就想到那筆花瓶的舊帳。（你因爲打破花瓶被禁足，而無法去看籃球比賽。）於是你對她說：「免談！」還加了一句：「妳這告密的小人！」她因此而恨你。而當你需要她幫你完成自然科的報告時，她說：「免談！」於是你跑去找你媽，而你媽則對你們兩個都很生氣，因爲她要幫你完成這份報告而無法看到《法網遊龍》的結局。當她幫你完成報告後，就對你爸發飆，因爲他沒有把髒衣服丟進洗衣籃。

你現在知道這個循環是怎麼產生了嗎？你搞懂「忿恨遊戲」的遊戲規則了嗎？重點是，要結束這種惡性循環是一件很容易的事。你只要比他們更寬宏大量一點，事情就解決了。凡事需要這樣斤斤計較嗎？幫你妹的忙。開想一點！爲你的家做點事。看看整個情況，並自問：爲什麼要火上加油？爲什麼要做蠢事？看看現實！你希望在三十五歲的聖誕晚餐時，聽到你的家人拿你做過的蠢事來開玩笑嗎？

忿恨的滅火器是感恩。當某人氣你或是當你氣某個人時，只要心懷感恩，忿恨就會立刻消失不見。當你妹不想幫你完成自然報告時，你就開始和她吵架。如果反過來，你停下來，看著她，並對她說你非常感謝她過去曾經爲你做的某件事，你會發現忿恨馬上就消失了。你可能要多試幾次，畢竟，家人之間的感激太罕見了，一開始別人一定會覺得你的行爲很可疑、有問題。不論如何，當你這樣做之後，你的報告會完成，你媽可以看到《法網遊龍》的精采結局，而惡性循環也沒機會形成。好好思考這一點吧！我所謂的「當家庭的資產，而不是問題」，就是這個意思。

重點整理

是的，你對你的家人有義務，但更重要的是，他們對你也有義務。你無法脫離你的家庭，在你有需要的時候，家人是唯一有能力且願意幫助你的人。家人之間有一種善意帳戶，你有存款，才能提款。在善意帳戶的存款，其回收是很驚人的。不要忘了，每個家庭都可以向上追溯與向下發展。想一想家庭的影響範圍、運轉中心，在你的家族樹圖中，支持你的家庭的主幹是哪根，而你這根分枝又要把你的家庭帶往何方。永遠不要忘記，壞事有可能發生在你身上。要懂得分辨錯誤期望與「現實」。不要讓電視上的虛構人物成爲你模仿的對象。思考自己要成爲什麼樣的人，才可以成爲別人尊敬的對象。欣賞並重視每個人的不同觀點。時常問問自己是在幫忙，還是在幫倒忙。請別人給你忠告，並重視別人的意見！想想別人的忠告，再做決定。這樣對你是最好的！最後，不要忘了家人不只有好的一面，也有不好的一面。瞭解貪婪、罪惡感和忿恨是怎麼一回事。關心你的家人，向他們伸出援手，這樣他們才會向你伸出援手！

現在，請你花一點時間思考以下這些問題：

- □ 你覺得你對家人有什麼義務，而家人對你又有什麼義務？
- □ 你覺得你在未來會需要家人的哪些幫助？
- □ 你覺得當你三十五歲時的聖誕晚餐，你們家人會吃些什麼？
- □ 你覺得這個晚餐會在哪裡舉行？
- □ 家人對你的影響有多大呢？
- □ 你家的運轉中心是誰？
- □ 在你的家族樹中，你覺得你這個分枝會發展成什麼樣子？
- □ 你知道電視會給你錯誤的期望嗎？
- □ 你能瞭解好的忠告有多麼重要嗎？
- □ 你覺得家人的意見、觀點與經驗具有價值嗎？

Lesson 9

醉鬼和笨蛋是無法成功的，孩子！

保持頭腦清醒，才能達成你真正的目標

Life is not fair Life is not fair Life is not fair

本章的標題取自電影《動物之家》(*Animal House*)。在片中，學院院長警告那些兄弟會成員，並給了他們這個忠告。這是一個很好的忠告。現在我們來談談醉鬼和笨蛋，以及性、毒品與狂歡。爲了節省時間，這裡的「性」，指的是婚前、未成年的性行爲。而我所謂的「浪費生命」，指的是使用毒品和酒精。性和浪費生命常常同時發生，因爲它們與同一件事情有關——腦內啡所帶來的身體放鬆，以及讓你覺得很爽的荷爾蒙。

在此，我要告訴你這些東西的壞處，以及你爲什麼要對它們避之唯恐不及。但就像埃比克提特斯所說的，事物本身並沒有所謂的「好」與「壞」；是我們讓事物產生「好」與「壞」的分別。槍不會殺人，人才會殺人。某人可能用大麻來治療青光眼，或是用它來促進癌症或愛滋病患的食欲，但有人可能把大麻當作毒品來使用。重點在於意圖與用途。性也是同樣的道理。你要思考這些東西。它們會讓你離目標愈來愈近，還是愈來愈遠？碰這些東西對你有好處，還是壞處？如果要碰，什麼時候碰比較好？或者它們只是阻礙你達成目標的東西？你有決定權，但是，你最好先想清楚所有的後果以及影響，再做決定。

讓我們狂歡吧！

性、毒品和狂歡在我們的社會已經成爲某種「通過門檻」的表示，而這有點迷失方向了。在歷史上，大多數的文化與宗教都會發展出某些儀式，正式宣告某人已經成年（猶太教的成人禮、天主教的堅信禮，甚至是初次進入社交圈的舞會）。這些儀式都包含了權利與義務。但是，我們的社會常常把「義務」的部分給忘了。拿到駕照、開始有選舉權、可以自行去買菸酒，這些在我們的社會上都成爲某種通過門檻的證明，一種新的儀式（在非常消費者導向的社會中）。

在大多數的州裡，年滿二十一歲，你就可以去買酒，這似乎是進入成人世界的最後一道關卡。不僅沒有人告訴你喝酒所附帶的責任，而且你對喝酒所學到的第一件事，通常是喝了酒就可以不負責任！我們喜歡權利，但往往忘了義務的部分。這就像是蛋跟雞的問題——到底是哪一個先生的？在過去，我們必須先經過一段過程（學習）與儀式，「然後」才擁有權利。而現在，權利（性、酒精、毒品）似乎成爲儀式——因爲你「可以」，所以你就「應該」去做！

這根本就是本末倒置！這些「儀式」——十六歲開始開車、在高中畢業舞會失去貞操，或是在二十一歲開始喝酒——的實質內涵已經變得空洞，不再有人去注意它們所附帶的後果與影響。這些事情都附帶了責任，但很不幸的，我們的社會只對開車這一項有所要求：你必須先通過考試並取得駕照，才能開始開車。當你開車時，你有責任不對你自己和其他人造成傷害，同樣的道理，你對性、酒精和毒品也有這樣的責任。法律正式認定你的年紀已經夠大，可以做這些事了，但是，眞正的問題在於，你是否負起責任，瞭解所有的後果與義務。不遵守交通規則可能會奪走你自己或其他人的生命。性、酒精與毒品也是一樣。只可惜我們的社會沒有針對性、酒精和毒品提供類似「駕駛訓練班」的課程（包含筆試與實地操作）。

愛莉絲，十九歲

【我有話要說】

問問自己

我從來沒有想過自己會染上毒癮，我在班上名列前茅，也從來不和吸毒的壞孩子在一起。如果一定要我找出原因，我想大概是因為我在學校的表現太好了。正因為如此，我爸媽在我十七歲的時候給了我一輛車，而由於比較重的科目我都已經修完了，所以剩下的課相當輕鬆。雖然一切都很順利，但是我卻開心不起來。我知道我很聰明、也很風趣，但是不論我到哪，都和別人格格不入。我就是「不上不下」的那種人。我夠聰明，可以和書呆子一起上課，但是，我又比他們更受人歡迎，所以無法和他們一起混。我在學校屬於「第二受歡迎」的那類人，我受歡迎的程度比不上運動員和啦啦隊員。我知道大家在哪裡開舞會的，但我從來不去參加。我總是在旁邊看別人玩樂，卻從來不和他們一起玩樂。

高三升高四的那年夏天，我和朋友常去海邊玩，每天都像是在開舞會。我們慢慢進入了學校裡最受歡迎的人所組成的圈子。我的膚色因為日曬而變得愈來愈深、髮色變得愈來愈淺，而我也變得愈來愈有自信。

有一天，當我在海邊的時候，一個名叫鄧肯的男孩向我走過來，他問我星期六想不想和他一起去參加某個舞會。鄧肯長得很帥、也很酷，我對他的邀約感到很興奮。為了那個舞會，我買了一件很漂亮的露背洋裝。當我試穿洋裝的時候，我看著鏡子裡的自己，一個非常漂亮而且受歡迎的女孩。

鄧肯來接我去參加舞會。那個舞會很瘋狂，我也玩得很開心。我好像在天堂裡漫步一般，覺得自己很特別。我們站在游泳池邊和鄧肯的朋友聊天，這時，湯米點了一根大麻菸。我從來沒有抽過菸，所以覺得很不安。湯米把菸交給鄧肯。鄧肯吸了一口，然後看著我，並對我說：「愛莉絲，妳真美，也很好，我相信妳從來沒有吸過大麻，妳可以吸一點試試看，當然，如果妳不想試，那也沒有關係。」他的舉止讓我深受吸引，於是我決定要為了他試試看。總之，我們輪流吸了好幾回，我覺得飄飄欲仙，整個人都放鬆了下來。鄧肯和我在那個晚上墜入了愛河。一切都好神奇。

從那天之後，我們變得形影不離。我們會到海邊去吸大麻。後來，我們開始吸古柯鹼，吸完之後就做愛。很快的，我的古銅膚色漸漸消失，而我們變得好像吸再多的毒也覺得不夠。我們會坐在那裡胡言亂語，大多數的時候，都是在抱怨每個人、每件事有多麼糟糕。

學校開學了，我們仍然沉迷於其中。我變成了所謂的「毒蟲」。我開始和我爸媽吵架、蹺課，並想盡方法吸更多的毒。開學一、兩個月後，我在一家超市前的加油站加油。當我要進超市去付油錢時，辛蒂和梅蘭妮正好從裡面走出來。她們以前是我最要好的朋友。她們跟我說「嗨」，然後辛蒂問我，我還好嗎？這句話讓我很火大。我還好嗎？這個懦弱無用的書呆子說的是什麼話！我當場發飆。我不知道自己向她說了些什麼，我不斷大吼大叫，最後，她抓著我的肩膀，想把我搖醒，並把我拉到超市的大玻璃窗前。她在我的耳邊大叫：「看看妳自己，看看妳變成了什麼樣子！」

我當場呆在那裡，長久以來，我第一次好好地看著鏡中的自己。辛蒂和梅蘭妮走了，而我繼續站在那裡，看著我自己。那個身穿露背洋裝的女孩到哪裡去了？我骨瘦如柴、臉色蒼白，衣服亂七八糟，頭髮又黏又髒。我的面容扭曲、眼神有如死魚一般。我哭了起來，哭得很大聲，連超市的工作人員都跑過來問我發生了什麼事。我衝出超市，直奔家裡。我跑去找我媽，在她面前放聲痛哭。我告訴她，我需要戒毒。

那是一年前的事了，在那之後我就把毒癮給戒掉了。我試著要鄧肯也去戒毒，但兩人大吵一架，並從此分手。我領悟到的是，吸毒會讓你以為自己站在世界的頂端，而世上的一切都糟透了。吸毒讓你無法看清事物，也會讓你看不到自己。這個世界並不糟，你才是把事情搞砸的那個人！到頭來，最重要的不是你所看到的外在世界，而是你自己的內心世界。

有準備、有意願、有能力

儘管法律上認定，到達某個年紀的人應該就有能力爲自己負責，但是，有不少的人在到達法定年齡後，仍然無法爲自己負責。更糟的是，還有一群爲數不少的人等不及成年，就要做成年人的事。我們的社會上有一群還沒有做好心理準備的人（不論他們是否達到法定的年齡），在做那些屬於成年人的事！你要小心的就是這一群人。他們只會害你惹上麻煩。他們的人生已經開始走下坡，而且拖愈多人一起下水愈好。這些人最後終究會阻礙你前進，阻礙你達成你的人生目標。

重點不在於你的年齡，而在於你是否做好準備。年齡與法律一點也不重要。重要的是**你自己**！性、酒精和毒品是危險的東西，你最好眞正瞭解它們所附帶的責任。好好看看你的人生。你有很多機會可以接觸這些東西，我向你保證，當你知道該用什麼方法來面對它們時，你會得到更多的樂趣！我們在這裡要學習的人生眞理是，性、酒精和毒品沒有所謂的「好」、「壞」，或是「如果」，重點在於「什麼時候」。你什麼時候做好準備？

這麼想吧，假設有一個男孩，他的父親身材高大，有二〇七公分高、一三六公斤重，而他母親的體型也差不多。他大概是他班上身材最高大的人，當他長大後，也是一個很高大的成人。我們再假設，他的肢體協調性很好，是個天生的運動員。我們可以說，這個男孩有很高的機率可以成爲職業美式足球員——他長得很高大，動作快又協調。現在，假設他已經十七歲，身材和他成人時差不多。他決定去參加奧克蘭突擊者隊（Oakland Raiders）的選秀賽。他的下場一定會很慘！這不是猜測，而是事實！爲什麼？雖然他的條件足以讓他成爲職業美式足球運動員，但不是現在！他還沒有準備好。他的準備還不夠周全！

儘管身材很高大很強壯，但他無法通過選秀的原因是，他的心理和情緒「強度」還不足夠，包括他處理焦慮、緊張、壓力、自信、不安全感和自尊等方面的能力。要做好心理和情緒上的準備，需要靠時間和經驗的累積，沒有捷徑。你與性、酒精和毒品的關係，就像是那個男孩和突擊者隊之間的關係一樣。雖然你的身體已經成熟，但你正確思考這些事物的能力（焦慮、自信、不安全感和自尊這類的東西）可能還不夠成熟。當你在心理和生理狀況都還沒有準備好的時候，就去嘗試你不該碰的東西，結果自然會很慘。這是人生的眞理。

只會用功不玩耍，聰明孩子也變傻

爲什麼性、毒品和狂歡對你有這麼大的吸引力？你爲什麼這麼想嘗試這些東西？年輕學子非常急著想要成爲大人，急著想要證明自己有多「大」。這是一種很奇怪的狀況。你身體的成熟速度遠比你大腦的成熟速度還要快，而有時候，你會忘了大腦才是最重要的部分。就在我們不假思索、急著要「長大」的時候，我們把因果給搞混了——假如我做了大人做的事，我就會成爲一個大人。性、酒精和毒品似乎是「大人做的事」，而你很想要當個大人。

另外一個原因是，所有的媒體上都充斥著性、酒精與毒品。從雜誌架到所有你看得到的廣告，都充滿了這類的訊息！讓我們狂歡吧！其次，你會因爲你「不應該」碰這些東西，而更想去嘗試。這是禁忌、慾望、反叛的因素作祟。

對於性，還有一個生理上的因素。人類的身體經過數千年的演化，會讓你在你的身體剛成熟時，就產生繁衍後代的慾望（荷爾蒙是一種力量非常強大的化學物質）。

最後一項，就是好奇心，對未知、神祕的事物所產生的好奇心。我們的社會並沒有做好正確傳達這方面知識的工作，因此，年輕人自然很想要親自去找出答案。

也許你想要嘗試這些東西的最大原因，是你覺得它們一定很有樂趣。的確如此。性、酒精和毒品的確可以帶來很大的樂趣。它們會讓你得到很大的快感。因此，要認識義務（影響和後果）的第一課，就是瞭解到底是什麼因素讓你想要嘗試這些東西。是爲了要覺得自己像個大人、體驗禁忌或神祕事物、單純的荷爾蒙作祟，還是只爲了得到樂趣？你的目的到底是什麼？你所使用的是最好、最正確的方法嗎？這是你要思考的第一件事。到底是什麼因素讓你想要做這些嘗試？同儕的壓力嗎？

各就各位，預備……

性，達到性高潮，是一種很棒的感覺。酒精和毒品也可以讓你飄飄欲仙。性的感覺很棒，是因爲我們的大腦本來就是這樣設計的——這個程式本來就燒在我們的大腦電路板上。酒精和毒品會讓我們覺得很棒，是因爲它們會讓我們大腦控制行爲的線路「短路」。我們會開始去做一些我們平常不會做的事。（我們對酒精和毒品甚至還有一個內建的藉口：「天啊，我完全不知道自己到底做了些什麼！」）

我們假設，你眞的知道自己爲什麼需要性、酒精和毒品，你覺得那是可以接受的事，你也想辦法讓你自己相信，把它們加進你的人生計畫中並不會有任何問題。那你怎麼知道自己是否眞的已經準備好了呢？當你瞭解「所有的」義務與後果時，你就算是準備好了。就像是通過監理所的筆試和路考一樣。你必須要用同樣的方式來思考性、酒精和毒品。你能通過考試嗎？考試的題目是什麼？

有一件事是可以確定的，那就是青少年（甚至是有些成年人）不知道該如何思考事物的後果（如果我做這件事，那件事就非常可能會發生）。後果就是你所做的事和你所得到的結果之間的關係。如果某一個行爲會導致五個可能的結果，青少年大概只能看出三個。這是因爲他們還缺乏經驗。你不必爲此感到難過。事實就是如此。你只不過是因爲在這個地球上待的時間還不夠久，所以考慮不到所有可能的結果，如此而已。誠實面對自己，並接受這個事實！

大概要到你二十歲之後，你預測後果的能力才會發展成熟。事情不按照你所計畫的方向發展，這種情況發生的機率有多高？某些完全沒有預期到的事破壞了你原先的計畫，這種情況發生的機率有多高？這樣的機率可能很高！想一想，在你的人生中，讓你大感意外的事件多不多？這是衡量你的成熟度的好方法（你是否擅長於預測你的行爲可能帶來的後果）。性、酒精和毒品有許多附帶的後果。在這些方面，沒有預料到的事絕對不會是好事！當你發現，你已經有好長一段時間沒有碰到預料之外的事情時，就表示你已經夠成熟了。那時，你會知道自己已經完全「成熟」了，你會知道自己是個眞正的大人了（生理上、心理上與情緒上）。有些人永遠無法到達這個境界。

沒有愛的性是毫無意義的

無可避免的，性是人生中最強大的動力。你對於顯而易見的後果相當熟悉：可能會懷孕或被傳染性病，在某些情況下，它們也會致命。避孕的方法有好幾種，但沒有一種方法是百分之百安全的。保險套可以防止性病的傳染，但它也不是完美的避孕方法。因此，不論你有多小心，懷孕與性病的可能性是永遠存在的。你可以用口交或手來進行性交，避孕效果很好，但卻無法預防性病的傳染。知道這些事情是很重要的，不過，人們通常犯的最大錯誤、最出乎預料的後果，就是來自於沒有意識到性的強大力量！熱情當頭，你的大腦就停止作用。雖然在你的計畫裡，你有種種保護自己和伴侶的方法，但是，這些計畫和意圖往往和你的牛仔褲一起被遺忘在地板上。這大概是你最「預料不到」的意外！性就像雪崩一樣，一旦開始，就很難停下來。

性

【我有話要說】

薇若妮卡，十七歲

要我談這件事，真的很怪，不過，好吧，談就談。總之，我長得滿漂亮的，我是說，我頗有吸引力。有一次，我們一群人去參加一個舞會，那裡有音樂、啤酒，也有人在跳舞，我們在那裡狂歡。我喝了幾罐啤酒，也玩得很開心，還認識一個很有魅力的男生，他真的很帥。

我們一起聊天，我那時已經醉了，他說他的外套口袋裡有幾根菸，所以我們就到後面的房間去。他從口袋裡拿出一根大麻菸，我們點了菸，抽了起來。我們在那裡聊天，大概是因為大麻的關係，我覺得很high，然後他開始吻我，我也回吻他。房間裡有一個沙發，很快地我們就倒在沙發上，我們不斷地親吻和擁抱，情緒很高昂。總之，情況變得一發不可收拾，很快我們的衣服就掉在地板上。我們正要開始做時，我說：「等等！」他說：「哦，呃。」我說：「你要戴保險套。」他說：「好啦，好啦。」我猜他大概有帶保險套在身上，於是我們就做了。我覺得很奇怪，這和我想像的完全不一樣！總之，我沒有把這件事告訴任何人。我只告訴卡拉，她是我最要好的朋友。幾個星期過去了，有一天，我突然覺得又癢又痛，我告訴卡拉這件事，她說：「妳一定要去看醫生。」我的反應是：「不要。」但是這個情形一直持續下去。

總之，卡拉和我到一家診所去，我在那裡接受檢查，然後等他們用電話通知我檢驗的結果，我們都很怕有人會發現這件事。醫院的電話終於來了，他們告訴我，我感染的是衣原體之類的東西，我從來沒有聽過。我是說，我聽說過性病，但沒有聽過這個。

我問他們那是什麼，他們向我解釋，並告訴我要吃抗生素治療。我想起那次性經驗，我是說，我現在竟然要吃抗生素，這真的很痛苦，我到底在想什麼啊？一切都發生得太快了。總之，我現在要去找這個男的，告訴他發生了什麼事，因為他也需要吃藥。我不知道，一切都變了樣。我是說，我以前總是以為我會永遠記住我的第一次，結果，我的確會永遠記得，但和我所想像的不一樣。

另外一件我們「沒有預料到」的事，是情感的部分，這是性所帶來的最嚴重的後果。性是一種親密行爲，不論動機、環境和意圖是什麼，與人發生性行爲會對我們的情感造成非常大的影響。這種情感不是漫不經心的「哦，寶貝，我好愛你！」這樣的「愛」，而是更深層的情感。它會影響你在一段關係中怎麼看待你自己和你的伴侶。我猜想，我們花在心理治療上的錢，有一半是由於這種「沒有預料到」的事。

男人和女人對於性、愛和親密關係的看法截然不同。大多數的男人將性視爲一段關係所附帶的樂趣；大多數的女人將性視爲一種承諾。這兩種觀點相互衝突。男人常把性視爲「沒什麼大不了」，只不過是「發洩」罷了，而女人通常把性視爲一件很重要的事。這個情況慢慢在改變，但是所造成的影響卻相當大。你對性的態度，會對你這一生的親密關係產生極大的影響。在你的人生中，有很長的時間都會與別人建立親密的關係，因此，你對性的態度是一件很重要的事。這種兩性的差異會形成一個陷阱，那就是將女人物化，把女人視爲洩慾的工具，而這個觀念會造成非常不好的影響。由於男人在大多數的時候都有意願，而且有能力從事性行爲，因此，女人就成爲性行爲的「把關者」。由於女人是把關者，是性行爲中不可或缺的一部分，因此她們就成了性的工具。事情其實比這裡所說的還要複雜許多，但是，你現在應該有概念了。

兩種觀點

對女人來說，將自己視爲性的工具會產生很多問題。首先，她們會很在意自己的外表。畢竟，人們對工具的認識來自於它的外表。只有極少數的女人擁有超級名模的身材與外貌，因此，女人終其一生都在試圖改造她們的外表，而這努力的結果往往是挫敗。其次，也是我們比較關心的一點，那就是女人開始依照男人對她們的喜愛來認定自我。這就是「我唯有和他發生性關係，他才會『愛』我」症候群。這兩種結果會導致不快樂的人生。只要你瞭解這一切的運作原理，你就不會得到那兩種結果。你現在想清楚了，就可以避免一輩子的痛苦。女人必須要用心思考與反省她們是怎麼看待自己的。早期經驗會建立起影響一生的模式。女人應該要把自己視爲完整的個體與伴侶，而不只是性玩物。男人則應該要停止操弄女人的不安全感。

對男人來說，將女人視爲性的工具也會造成很多問題。男人將女人視爲「獵物」，並有「我能不能把到她」症候群。這種觀點會讓你永遠無法得到眞正令人滿足的兩性關係。當你從「征服」的觀點來看女人，你就永遠無法眞正接受某個女人作爲一個和你地位平等的伴侶，而這會讓你失去人生中遠比性還要重要的東西。當然，你可以利用不同的女人來發洩你的慾望，但是，長期下來，這種性行爲將會變得愈來愈無法讓你滿足，到最後，你和女人的關係只有幾分鐘毫無意義的性而已。同樣的道理，要解決這種可能發生的情況，就是要張開你的雙眼。你眞正想要的到底是什麼？是性，還是親密關係？有很多時候，你的答案是「性」，但是，當你有一天眞的想要一個伴侶時，你已經無法不把女人視爲性玩物，問題也因此產生。男人必須要思考他們對女人的觀點是什麼，以及這個觀點是否會阻礙他們成爲眞正的男人。眞正的男人不「擁有」或「征服」女人。眞正的男人會將女人視爲他艱難的人生旅途中，一個必要且珍貴的伴侶。

錯誤的兩性觀點造成了我們的社會中，有一群男人總是在追求女人，但他們不想與這些女人建立關係。這是另外一個我們沒有預料到的情況（或結果）。性只是這段關係的附帶樂趣而已！你應該要仔細思考思考。

看過來

現在讓我們來討論酒精和毒品。不同於性有所謂的「基本常識」（避孕、性病的預防

天然的	醫師處方藥	加工的	設計者之藥
香菸	安非他命	古柯鹼	MDA
酒精	巴必妥酸鹽	海洛因	快樂丸
大麻	止痛劑	鴉片	PCP
幻菇	抗憂鬱藥物	強力膠	強姦藥片
配有特(Peyote，一種仙人掌）	其他	亞硝酸戊酯	GHB（又稱迷姦藥水） LSD（一種迷幻藥） 冰毒

等等），酒精和毒品沒有。但它們對我們也有強大的吸引力。壓力、問題與焦慮日復一日地壓在我們身上。我們都很希望能暫時躲避這些壓力。

由於酒精和毒品沒有所謂的基本常識，因此我在這裡要提供一些資料供你參考。酒精與毒品可分爲四大類（如上表）。

還有許多其他的毒品，不過我想你現在應該已經有概念了。**所有的**酒精與毒品都會讓人上癮。**沒有例外**！這是事實。其中有些比其他的更容易讓人上癮。有些可能會產生心理的上癮，有些則都是生理的上癮。**所有的**麻醉品都會讓人上癮，這是你要面對的第一個後果。如果有某樣東西讓你覺得很暢快，你的大腦或身體就會要你再去嘗試。

上述麻醉品是以危險性來排列的。「天然的」毒品並不像「天然食品」一樣對你有益。它們被稱爲「天然」，是因爲它們並不需要經過很多加工手續就能製成。「醫師處方藥」的危險性次之，雖然這些是醫師針對某些疾病所開的處方藥，但當你與其他藥物混合使用，或是你有某些自己也不知道的疾病，或是你用錯劑量，都會造成很大的危險。「加工的」毒品，其危險性再更高一些，唯一值得高興的事，是我們很清楚它們的效果，因爲它們存在已好一段時間。

基本常識就介紹到這裡。對於使用酒精與毒品，最重要的就是要瞭解它們都會讓你的大腦「短路」，它們的主要作用就是如此。使用酒精或毒品，就是爲了要讓大腦無法正常運作。一個顯而易見的後果是，你很容易因此去做非常蠢的事。大腦的主要功能就是讓你遠離麻煩。當你使用某些東西來讓大腦失去正常功能時，你就很可能會惹上麻煩。這是個很簡單的道理。

腦部重創

使用這些東西還有一個更長期、更危險的後果（沒有「預料到」的後果），那就是所有的酒精和毒品都有所謂的「累積效果」。你每使用酒精或毒品一次，就對你的大腦造成一點無法挽回的傷害。把它想像成是海浪慢慢地侵蝕海邊的峭壁。一個浪所造成的效果也許並不大，但經年累月下來，侵蝕的效果就相當可觀了！這是一個事實，這是使用酒精和毒品必定會產生的結果。

更糟的是，這樣的結果還有更嚴重的後果。這個後果與你的小船狀況（在第三章提過）有關。外面的世界是一個充滿了競爭的世界。這個世上的資源有限（食物、健康、地位、名聲等等），而**每個人**都想盡辦法要得到最多。這就像是一群人擠在一起玩電腦遊戲一樣，置身在一群高手之中，你必須要用智慧才能獲勝。大多數的人即使極具「競爭力」（強壯、精明、機靈和敏捷），仍然會在人生中遭受挫敗。而故意去攝取某些會降低你競爭力的東西，更是一種走向失敗的做法。對你的競爭者來說，這是一個天大的好消息，因爲他們可以減少一個對手。這就像是在比賽中自動棄權，又像是拿一把斧頭把自己的船砍個大洞一樣。如果有人給你一輛全新的法拉利跑車，我不相信你會在這輛車的汽缸裡放糖（那會毀掉引擎）。每次你使用酒精和毒品，就像是在自己的汽缸裡放糖一樣，因爲你很清楚這個舉動最後一定會毀了你的大腦。

在考慮過後果之後，你可能仍然想嘗試酒精和毒品！大多數的人都是如此。和性的問題一樣，唯一可以幫助你避開危險後果的方法，就是瞭解你會面臨哪些危險。你要非常清楚自己在做什麼。並且要留意你所知道和不知道的事。喝伏特加也許會讓你上癮，也許不會，但至少你知道你喝的只是伏特加。吸食大麻或毒品也會帶來許多問題，但你連那些問題是什麼都不知道。你要瞭解，當你使用酒精或毒品時，你的大腦馬上就會失去正常的作用，而你也很可能去做一些你原本無意做的事（可能是吸食其他的麻醉品、酒醉駕駛或是發生性行爲）。你要知道，你將會無法正常思考，因此，你最好待在愈安全的環境愈好。在你朋友家吸大麻、看電視是一回事，在開車前往洛杉磯的路上吸大麻又是另外一回事了。趁你的心智還正常運作的時候，注意一下你打算要做的事。一句「管他的」，可能會造成你一生的遺憾。

子彈還是炸彈？

使用酒精和毒品時，有一個重點，那就是我們可以選擇使用多少**劑量**。你該使用多少量？同樣的毒品對不同的人會產生不同的效果。由於新陳代謝率不同的關係，毒品發揮藥效的時間也不盡相同。大多數的時候，劑量與體重成正比。一個體重比較重的人所能忍受的劑量會比體重輕的人還要來得高。但現在，一個人所能接受的劑量似乎成了某種衡量

「男子氣概」的指標（「那傢伙是個輕量級！」），這個想法實在很白痴。我想，你一定不希望你的醫生採取這種態度吧！你所吸食的毒品都會被你的身體所吸收。如果你是用吞食的，大約需要半小時的時間，東西才會到達你的血液中。如果是用注射或是用嘴巴吸的話，藥效就會更快。

【我有話要說】

可憐的伊言

約翰，二十二歲

我來自芝加哥，我在高中時期吸食過各種毒品。一大堆！古柯鹼、PCP、快克、冰毒、LSD……。我最要好的朋友伊言和我從GHB開始吸。那是一種會讓肌肉強壯的藥，它會讓你的肌肉反應變慢，同時讓你得到快感。這玩意兒是用喝的，六百毫升大約要價美金兩百元，一次的用量大約是一個瓶蓋，但是我們卻直接倒進嘴巴裡喝，喝完之後就去弄車子。這個東西不太好，它會讓你的動作變得非常遲緩。正當我們在弄車子的時候，伊言突然倒在地上，停止呼吸，我試著要摸他的脈搏，但摸不到。

我趕快跑去打電話求救，我以為伊言已經死了。救護人員很快就來了，同時還來了很多警察。我那時不知道伊言是死是活，不過他們把他給救活了，並把他抬上救護車。然後警察開始四處搜查，他們找到了一堆毒品。伊言和我都因為持有毒品並有販賣意圖而被逮捕，這是很重的罪行。法官告訴我，我可以選擇進監獄或是從軍，於是，我加入了海軍陸戰隊。伊言因為有前科，所以沒有選擇，最後被判五到十年的徒刑。

總之，我在新兵訓練營待了三個月，對我而言，這就好像是毒癮勒戒所一樣。我每週要操練六天，星期日可以和訓練教官待在一起或是上教堂。所以我常上教堂。即使是海軍陸戰隊，裡面也充斥毒品，但我把心思放在訓練和宗教上，對毒品不再感興趣。伊言進了監獄，他本來兩年半就可以出獄的，但因為他又在獄中闖下大禍，所以必須服完刑期。我的犯罪紀錄被撤銷，而且不碰毒品已經三年了。我在六個月前結了婚。可憐的伊言。

假如你真的那麼想接觸酒精或毒品的話，那麼至少在使用的時候要放聰明點。先想一想再決定要不要繼續吸食，總是比吸食過量而後悔不已要來得好。你應該要讓你信任的人（你真正信賴的人）知道你吸食的是什麼，以及你吸了**多少量**！毒品很快就會讓你失去意識和條理，所以，身邊如果有人可以告訴救護人員到底發生了什麼事，可以救你一命。如果某人或是你自己對毒品有任何不良的反應，馬上就要送醫院。不要驚慌，也不要怕警察。**警察、法律或父母的問題永遠都比不上送命來得嚴重！**最後，由於大多數的人都是從喝酒開始，所以我現在給你一個小小的忠告。你要知道，酒精進到你的胃之後，大約要經過半小時的時間，才會到達你的血液。因此，當你開始感覺自己有點醉的時候，不要再喝酒，你在接下來的半個小時內都還會有醉的感覺！注意一下臉的感覺，當你覺得臉麻麻的，就表示你已經不能再喝了！

重點整理

性、毒品與狂歡都和發洩有關。「意圖」永遠比「行爲」還要重要。你想要從這個經驗中得到什麼？要瞭解你的責任，同時不要讓某些成年儀式迫使你去嘗試性、酒精和毒品。它會產生嚴重的後果，而糊塗混日子只會阻礙你達成你眞正的目標。當你使用正確的方法來接觸這些東西時，才會有樂趣，所謂正確的方法就是在生理、心理和情感上做好準備！思考一下你爲什麼想要接觸這些東西？想要證明自己已經是個「大人」了嗎？還是因爲媒體的關係、家人的禁止、荷爾蒙的作用、好奇心作祟？還是因爲你一心只想得到一些樂趣？不論你的原因是什麼，你確信這是個好理由嗎？想一想，你能充分預見自己的行爲所造成的後果嗎？想一想，你碰上「沒有預料到的事情」的機率高不高？把這些問題當成是衡量你成熟度的工具。

你要知道，性的力量往往勢不可擋，而且會帶來影響一輩子的情感衝擊。思考一下男女對性與親密關係的看法有多大的不同。小心不要掉進將女人視爲性工具的陷阱裡。你要知道，建立起良好的親密關係才是你的終極目標，好好學習如何建立良好的親密關係。還有，請記得，**所有的**麻醉品都會使人上癮！你要明瞭，當你使用酒精或毒品之後，這些東西會讓你的大腦「短路」，無法好好運作，你的大腦將無法幫助你避開麻煩。思考一下你的競爭力，以及酒精與毒品對它所產生的影響。在你做某件事之前，你要非常清楚那是怎麼一回事，不要盲目地相信別人告訴你的話。你要知道自己**不知道**的事情是什麼！永遠要考慮到劑量的問題，而且要讓某個你信任的人知道你在做什麼。趁你的大腦還能正常運作時，好好思考自己在做什麼！

現在，請你花一點時間討論以下這些問題：

- □ 你爲什麼想要嘗試性和毒品？
- □ 你認爲你能一肩挑起責任並承擔後果嗎？
- □ 你認爲自己在生理、心理和情感上的成熟度到達哪個程度了？
- □ 你上一次遭遇到「沒有預料到的事情」是在什麼時候？
- □ 你對於性行爲所造成的情感衝擊，以及它對親密關係所造成的影響，有什麼看法？
- □ 你覺得所有的麻醉品都會讓人上癮嗎？
- □ 你知道你的大腦對酒精和毒品會有什麼樣的反應嗎？
- □ 你知道「讓某人知道你在做什麼」是一件很重要的事嗎？
- □ 當某人的身體出狀況時，你能負起責任把他送到急診室嗎？

Lesson 10

時機重於一切！

愈會善用機會，你就愈容易成功

Life is not fair Life is not fair Life is not fair

我想要說的，幾乎都講得差不多了，有什麼比「運氣」更適合當作總結呢？有誰不想當個幸運兒？運氣可以彌補不少人生中的缺憾。只要你夠幸運，就可以不必像別人一樣聰明、懷有一技之長、有天分，或是夠機靈。運氣是一個極爲簡單的東西，而且你有能力掌控它。如果你凡事留心、謹愼思考，你就可以讓自己成爲一個幸運的人。不論你怎麼定義「幸運」，它的意思永遠指的是：在**對的時機**，出現在**對的地點**。從逆向思考的角度來看這句話，也許更爲重要。「不幸運」指的是：在**錯的時機**，出現在**錯的地點**！就是這麼簡單。這兩個人生眞理對於你的人生，以及你能從人生中獲得什麼，具有重大的影響。你可以掌控你身在何處（地點），而且你可以掌控時機。地點的部分不言而喻，因此，本章主要討論的是時機。時機重於一切！

純然的運氣

我很喜歡一個故事，那是我朋友的親身經歷。他的名字叫做肯恩，在一家大公司工作，位居要職。肯恩剛從大學畢業時，曾經是無業遊民，到處流浪、到處玩樂，完全沒有要找工作的打算。他到佛羅里達州渡假的時候，遇到一個來自芝加哥的女孩。當這個女孩回去之後，肯恩覺得很想再見她一面，於是便到芝加哥去找她。他唯一知道的是她在一家大公司工作，所以他到達芝加哥之後，就跑到這家公司的辦公大樓，並在大廳裡晃來晃去，試著要遇到她——這個計畫不算聰明。

當他在走廊閒晃時，一位高階主管氣急敗壞地衝出辦公室，看著肯恩，並問他到底跑到哪裡去了。肯恩完全不知道對方在說些什麼。原來他錯把肯恩當作那天應該來報到的一個人。肯恩雖然有點莫名其妙，不過由於他實在沒有其他的事情好做，於是他就到那位主管所說的座位去，做那位主管要他做的事。肯恩從此在那家公司待了十八年，而且賺了很多錢。肯恩非常幸運。他在對的時機，出現在對的地點。不過，肯恩完全不知道自己在做什麼，他只是單純地想要找到那個他心儀的女孩，結果他遇到了一個機會，並且把握住了。這就是我們所謂的「運氣」。順帶一提，他後來還是找到了那個女孩，他們後來結了婚，而且還生了小孩。

這個事件純粹靠的是運氣，因爲其中完全沒有牽涉到任何的計畫或思考。沒有人能預料到這件事會發生。這只是個以快樂收場的有趣故事。好運隨時都會發生。大多數的人在思考「幸運」的時候，他們想到的都是這種運氣。但事實並非如此。這種幸運純粹來自運氣。你可以預期，在你的一生中，「好運」和「壞運」將會一樣多。事情就這麼自動發生在你的身上，這和你讓事情發生在自己身上的情況剛好相反。我稍後會再談論這個部分。首先，我想要談的是，即使是「運氣」，你也可以有辦法加以掌控。

打我！

「二十一點」是一種很好玩的撲克牌遊戲。我建議你去學學怎麼玩。它之所以好玩，是因爲它是個賭博遊戲，也因爲它可以教你如何掌控運氣。我不打算把這個遊戲的規則在這裡講一遍，我想要說的是，如果你夠聰明的話，你可以比莊家有更高的贏牌機率，因爲依照規定，莊家在拿到十六點的時候，一定要再拿一張牌，而在拿到十七點時就不能再拿牌了。如果你遵循同樣的規則，你和莊家贏牌的機率就會相同（他有一半的機會贏牌，而你也有一半的機會贏牌）。這是一個純然碰運氣的例子。

這個遊戲刺激的地方在於，即使按照機率的法則（可以用數學來證明），你有一半的機會可以贏牌，但事實上，你永遠都不可能每隔一局就贏一次牌。運氣有時會倒向這一方，有時候會倒向那一方。有時候你先連贏五局，然後莊家連贏三局，然後你又贏一局，然後莊家再贏四局——你應該知道我在講什麼了吧。你之所以會比莊家有更高的機率贏牌，是因爲你不需要遵守莊家的規則，而且你不用在每一局都押上同樣的賭注。假如你在勝算比較大的牌局都賭十元，而在勝算不大的牌局賭五元的話，你最後一定可以賺一筆。

啊，問題來了！你怎麼知道哪一局會贏，哪一局會輸呢？你無從得知，而這就是拉斯維加斯的賭場會賺錢的原因。人們到拉斯維加斯去，以爲他們可以分辨什麼時候會贏，什麼時候會輸，結果，他們把所有的錢都輸光光。我並不打算在這裡討論賭博的好處與壞處，我的重點是，就像在玩二十一點一樣，日常生活的每一天你也都在下賭注（發生在你身上的事和沒有發生在你身上的事）。就和二十一點一樣，好事和壞事發生的機率各占一半，如果你在好事所下的賭注比較高的話，你最後就可以成爲人生的贏家。

好事不是時常在發生的

我想要說的到底是什麼？在現實生活中，你有機會可以賺更多的錢，因爲你可以在看到牌之後，再下賭注。有些事情是每天都會發生的，有好事，也有壞事。當事情發生的時候，你就會知道那是一件好事還是壞事。假如你將好事發揮到極限，並避開壞事，你就是在即將贏的牌局押上比較高的賭注。

假設你心儀的女孩在走廊上不小心撞到你，這是一件好事！你必須要爲這種好運事先做好準備；就像是功夫片的男主角一樣，一遇到壞人挑釁就可以立刻把雙節棍使出來。同樣的道理，你也要隨時做好準備，隨時善用突如其來的好運。在走廊上不小心撞到某人，給你一個機會做你想要做的事：認識這個人。把握這個機會，採取行動！在牌桌上押上更多的賭注，這是賭博的良機！這是人生的眞理。愈會善用機會，就愈容易成功。

【我有話要說】

創造你自己的好運

基倫，十九歲

我很幸運，因為我認識了艾瑞卡。我們在一起已經兩年了。兩年前，我還在念書時，我原本計畫在暑假的時候到歐洲去玩。但我的一門英文課被當了，因此要暑修才能畢業。我很生氣，因為它打亂了我的計畫，破壞了我的歐洲之行。

在暑期班快結束的時候，我通過了英文補修，剛好我爸媽要去夏威夷玩，他們說我也可以一起去。我對夏威夷滿有興趣的，但對於被迫取消的歐洲之行仍然耿耿於懷，所以不知怎地和他們大吵了一架。我不太記得到底發生了什麼事，只記得那是我爸媽出發前往夏威夷的前一天晚上。

我到我朋友尼克家去住，我爸媽出門去，他們把所有的東西都鎖在家裡，我進不去，連我的車鑰匙也被鎖在裡面，因此得靠尼克接送我。我的心情很差，尼克找我去聽Hey Stroker樂團的演唱會。那個演唱會並不大，大約只有兩百人參加。我們在外面的露台聊天打屁，然後我看到了艾瑞卡，她和她的朋友在一起，而其中有一些人是我認識的。

她向我走過來並坐了下來，於是我們開始聊天，我真的很喜歡她。然後，她又跑去和她的朋友聊天，這時，尼克跑過來說我們該走了。我試著要找艾瑞卡，但尼克催著要走，結果我連向艾瑞卡說再見的機會都沒有就走了。

我真的很想見她，於是我向那天和她在一起的朋友要她的電話，我打去她沒接，也沒有回我電話。然後我得知她有可能會去參加某個舞會。那天晚上我拉尼克和我一起去參加那個舞會，我在那裡看到了艾瑞卡，她很高興我找了她。隔天，我們用即時通訊聊天，並且約好一起去看煙火。那天是國慶日。

可是沒有車，我寸步難行。於是我必須請尼克載我到放煙火的地點，但是當我到那裡時，煙火已經放完了，艾瑞卡似乎有點生氣，不過我還是留了下來，我們很喜歡和彼此在一起的感覺。

那是兩年前的事了，現在，我們正在討論結婚的事。和艾瑞卡認識的經過真的很坎坷，一開始要想盡辦法找到她，然後又要請尼克載我去任何我要去的地方，不過，艾瑞卡改變了我看事情的方法，也改變了我。然後，我想到了我的父母。我爸媽在很年輕的時候就結了婚，大概是十九歲左右。總之，我開始想這些事情，開始從不同的角度來看我爸，我發現我不想再和他吵架了。艾瑞卡在工作，我也在工作，我們兩個都打算要去上社區大學，而且我們真的很愛彼此的家人，這真的很棒。

要怎麼善用好事發生的時機？在過去，當你遇到機會時，你只會呆呆地站在那裡，張口結舌，現在，你該如何把握良機，增加自己的籌碼？預先設想！做好準備。假如你很希望認識某個男孩或女孩，**假想一下**當你有機會遇見這個人時，你會對他（她）說什麼話。事先演練一下你想說的話。想像那個人會說些什麼。當你和別人爭論時，有多少次你是在一個小時之後才想到完美的反駁？你能事先料到你會和這個人爭論嗎？你能先做好準備嗎？

工作面試是個最好的例子。你眞的有先思考過面試者會問你什麼問題嗎?通常面試者會問的第一個問題,就是要你先做個自我介紹。我很意外,竟然有很多人沒有事先準備好自我介紹的內容。你會怎麼介紹你自己?你應該先演練一下自我介紹的內容,這樣你才可以用短短的一分鐘時間,好好地介紹你自己:你的能力、你的成就、你的技能、你受過的教育等等。

要避開壞事是一件比較困難的事。我所謂的避開指的不是逃避問題,逃避問題是個下下策。去找一隻你平常很怕的大狼狗,把牠的鍊子放開,在牠的頭上猛打一記,然後掉頭就跑。當你從急診室出來的時候,你就會知道逃跑會導致什麼樣的後果了。問題最後一定還是會找上門來,並且讓你吃足苦頭。如果你想要避開壞事,那麼你就要面對問題,並且當機立斷,快刀斬亂麻。唯有如此,你才能將損失減到最低。商場上有一個法則:一旦遭受損失,馬上抽身而退。當你做了賠本的生意,你要認賠並馬上離開!

在商場上,挽救一個錯誤的投資可以穩固你的財富。在現實生活中,努力挽救頹勢則是讓自己成爲幸運兒的不二法門。

迅速了結壞事

假設你今天有一個讀書報告要交。你的報告做得很好，而且你已經把報告打好了。你信心滿滿地上學去，手裡拿著那份報告，結果鄰居的那隻狗越過樹叢，咬走你手上的報告，並把它咬成碎片。這是一件壞事。你到學校去，向老師解釋你的報告寫得有多好，以及你花了多少時間和精力才把那份報告完成。你的老師說：「故事編得很好！」你可以和老師爭論，讓這件事拖到學期結束都還沒有解決。這樣做，只是花更多的時間和精力在一件壞事上。你應該接受事實，重新把報告再打一份出來，並且在隔天把報告交給老師。讓這件事就此過去。下次要注意鄰居的狗。

要掌控好運與壞運，就要能夠辨認什麼是好運，什麼是壞運。假如你在好事上押最多的賭注，而在壞事上押最少的賭注，你就會走好運。假如你在走廊上撞到人之後向對方道歉，並告訴他（她）你一直都很想認識他（她）（坦白與眞誠是最好的武器），你就有很大的機會可以眞的認識這個人，而這一直是你很想做的事。回家多花一個小時，把報告再打一份出來，並在隔天交給老師，讓壞事就此了結，一勞永逸——你就不用再多花任何的時間和精力在這件倒楣事上了。我希望你現在已經知道，有些人花了很多的時間努力要「解決」壞事，結果，他們耗盡所有的精力去「修正」錯誤，以至於錯失良機。只要你想辦法讓情勢對你有利，你就可以掌控運氣。

那麼，人們所謂的「運氣」又是怎麼一回事？爲什麼有些人總是遇到好事？這些人會遇到好事，其實有兩個原因。第一個原因是，他們讓好運放到最大，並且將壞運減到最小。假如你想辦法讓「走廊碰撞事件」促成你與你想要認識的人共度十個小時的時間，而「狗咬報告」則只花你一個小時的力氣來重打報告，那麼，我們可以說，你的好運是壞運的十倍！

另外一個原因則是，不論他們有沒有意識到，他們已經學會如何分辨好事與壞事，更重要的是，他們會爲自己創造機會。而時機是他們成功的關鍵。

敲敲機會之門？

假如你事先思考過的話，你就可以在對的時間出現在對的地點。時機決定一切。不論你想要做的事情是大是小，你都需要三樣東西——**機會、技能與時機**。技能與時機是你可以完全掌控的，而假如你現在開始用正確的方法來思考的話，你就可以爲自己「創造」機會。

我們假設你想要加入水球隊。你要做的第一件事，就是思考你加入水球隊的機會——技能與時機。回想一下前面幾章所提到的，「知道有哪些事情是自己不知道的」，以及「有用的資訊的重要性」。球隊的甄選就是你的「機會」。你要靠甄選才能進入球隊。你知道甄選舉行的日期嗎？接下來，你要考量你的「技能」。你具備了打水球的技巧嗎？你知道所有的比賽規則嗎？你知道還有哪些人要參加甄選嗎？你知道有哪些去年的隊員會再回到隊上嗎？和其他參加甄選的人相較之下，你比他們厲害，還是比他們差？在甄選舉行之前，你有時間學習你必須具備的技巧嗎？啊哈！你已經開始在做計畫了。你已經開始在思考了。你已經開始在爲你自己創造好運了。

在你搜集好有用的資訊（你所不知道的事物）之後，你發現隊上只打算找三個新隊員，其餘的都是去年的球員再度回鍋。（你應該可以從教練那裡得到這些資訊。此舉還有一個附帶的好處，那就是你可以藉此良機拍點馬屁，讓教練先認識你。）要知道還有哪些人參加甄選可能比較困難，但是，你可以問教練回鍋的球員屬於哪些位置。你也許會發現，教練今年比較想要的是防守力強的人。在你僅有的時間內（發現這個訊息之後到舉行甄選之前），你就可以趕快加強你的防守技巧。這就是我在本書一開始所提到的「積極思考」。在甄選那天，你已經做完一切可以讓自己擁有好運的事。在所有的競爭者之中，教練已經先認識你了（也許還對於你的積極投入印象深刻），而且，你已經練好教練所需要的防守技巧。我不敢保證你一定會被錄取，但是，你已經盡全力讓情勢變得對你很有利。那些沒被選上的人，大概會很鬱卒地到處抱怨說，你的「運氣」比較好。但其實你是掌控了機會、技能與時機。你是自己命運的主人。你爲自己創造了好運氣！

為自己創造機會

只要你夠聰明，你就可以爲自己創造機會。我們再回到在走廊撞到人的例子。雖然這不是一個很棒的例子，但你還是可以讓自己置身於類似情況，練習一下。你可以去找一些線索（發現更多你所不知道的事），也許你就會知道你想要認識的人每個星期二放學後都會去體育館。你可以在他們四點半離開體育館的時候，很「自然」地遇到他（她）。這就是找出對的地點和對的時間，而且比死纏著對方的招術要高明得多！

這種方法適用於任何情況，你可以讓幸運女神對你微笑。此外，幾乎在所有的情況下，都有其他的人也參與其中。你想要得到一些東西（加入水球隊），而其他跟這件事有關的人也想要得到一些東西（教練想要防守力強的球員）。只要你想像每個人的額頭上都寫著「這件事對我有什麼好處？」的大字，你就可以知道該如何爲自己創造好運了。你將會發現，人們對於人生的要求其實並不多，假如你能讓其他人知道，你可以幫助他們得到**他們**想要的東西，那麼他們就會樂於幫你得到**你**想要的東西。這是一個很重要的人生眞理：你幫我，我就幫你！

用「這件事對我有什麼好處？」法則來管理你的人生，你就可以處處如魚得水，這個世界就會任你宰割。想像一下，當你需要別人幫助的時候，他們的第一個反應一定是：「好啊，但做這件事對我有什麼好處？」假如你已經準備好要如何回答這個問題，假如你已經思考過這種情況，那麼你就可以馬上提出非常具有說服力的回答。大多數的人不會直截了當、大剌剌地問：「這件事對我有什麼好處？」因此，如果你可以在別人還沒有提出這個問題之前，就先回答這個問題，那麼大家一定會對你的考慮周詳大有好感。假設你需要有人來幫你修理汽車，你知道某個人會修，而他剛好需要有人來幫他修理電腦。你會修電腦，但你不會修車。一個交易就此產生。從「這件事對我有什麼好處？」的角度來思考事情，可以讓你無往不利。我們也可以從逆向思考的角度，來看這個思考方式。

大多數的人不懂得「這件事對我有什麼好處？」的思考模式，因此，他們往往會在需要你幫助的時候直接向你開口，而不告訴你，幫助他們對你有什麼好處。這時，你要自己問自己：「這件事對我有什麼好處？」並思考**你**可能可以從這件事得到什麼。這種做法可以讓你的**好運**放到最大，**壞運**減到最小。我們假設，你的朋友請你開車載他去拿大麻。我們再假設，你不吸大麻。**這件事對你有什麼好處**？沒錯，你的朋友因此會欠你一份情，但你也有很大的機率會惹上麻煩，不論是遇上賣大麻的人，還是警察。在這個例子中，「這件事對我有什麼好處？」的負面價值超過了正面價值。因此，回絕這個要求吧！

對的地點、對的時機

你也應該思考一下「這件事對我有什麼好處？」法則與「對的地點，對的時機」的關聯。這和另外一句商業用語有關：「想要抓大象，就要先到大象出沒的地方。」這句話的意思是：假如你想要一台牽引機，到販賣或出租牽引機的地方去，你成功的機率會比較高。它的反面含意是：假如你想找麻煩，到容易產生麻煩的地方去就行了。只要你不去那些地方，你碰上麻煩的機率就會比較低。這是一個避開麻煩的方法。

當你思考對的地點和對的時機時，你也應該對你的人生做比較積極的思考。就像是加入水球隊是以隊員甄選的機會為思考中心，人生中的某些事情也是以你可以預期到的事物為中心。回想一下第二章所提到的人生中的各個階段，同時看看別人在人生的不同階段都經歷了哪些事情，你就可以知道你在未來將會遇到哪些事情，以及這些事情會在什麼時候發生，然後為這一切做好萬全的準備。

在二十幾歲的階段，你將會需要一份工作。你必須開始自己賺錢，獨力謀生。這是人生中不變的事實。你有時間為此做好準備，學習有助於求職的技能。大學學歷、專業技術與某些訓練可以讓你的求職路走得更順暢一些。想一想哪些人可以幫助你找到工作，然後讓他們對你留下好印象（就像是水球隊教練的例子）。這些人有可能是你爸媽的朋友、親戚，或是家族的朋友。不要等到你急著找工作時才去「討好」他們。現在就開始讓他們喜歡你！也許你看起來像是個幸運兒，但事實上，你只是比別人多想一點，並做好準備。

當你二十多歲的時候，你大概會結婚。由於在大多數的情況下，你只能和你認識的人結婚，因此，你要如何才能知道自己所交往的女孩是「適合結婚」的對象？假如你已經超過二十五歲，而你老是把時間花在酒吧裡，你覺得你會遇到你想要娶的女孩嗎？在這方面，女性比男性更有概念，因此，我在這裡採取的是男性的觀念。當你開始向前看，而且非常清楚對的地點與對的時機有多麼重要時，你會發現這一切其實並不難辦到。

【我有話要說】

書呆子的報復

妮基，十六歲

我媽是日本人，而我爸是美國人。我長得很像我媽，而我哥長得很像我爸。當我們一起出門時，看起來並不像一家人。

從我有記憶以來，每年夏天我們都會到日本去看看我媽的家人。最近幾年，只有我媽和我過去，因為我爸工作很忙，我哥的日文雖然比我還要好，但他不想再去日本，因為他說日本人都會欺負他。當我們住在我外祖父母家時，其他和我們同年齡的小孩都會欺負他，因為他看起來不像日本人。

總之，過去幾年，我都和我媽去日本看她的父母和姊妹。他們住在離京都不遠的一個小鎮。京都和我外祖父母所居住的小鎮都很美，我很喜歡待在那裡。我覺得那裡好玩的另外一個原因是，我在那裡交了一些好朋友。雖然我每年在那裡只待一個月，不過，也算是和那附近的小孩一起長大。由於我長得很像日本人，所以沒有被當地人欺負的煩惱。當然，這也有可能是因為我是女生，而男生總是比較愛競爭。我的朋友也愛取笑我的發音，但她們沒有惡意，那種感覺有點像是你有個來自南方的親戚，如此而已。

雖然每個人都認為我的日文很流利，但是當我在日本的時候，我知道我的日文一點也不好。我總是用過時的俚語，那都是前一年我去日本時其他的小孩教我的，而每當我想要表達我的感覺時，也總是無法找到適當的詞彙。我的日本朋友喜歡聽我說我在美國的生活，學校有哪些活動、同學都穿些什麼衣服、聽些什麼音樂，就是一些女孩子有興趣的東西。

有一個女孩住在我外祖父母家再過去一點的地方，她的名字叫做惠子。她長得很漂亮，而且擅長運動，但是她在學校的功課並不好。我上一次去日本的時候，發現其他的女孩子對惠子不太友善，而她們不喜歡惠子的原因，是因為她的成績很差，這是我在美國的朋友永遠無法理解的。在美國，像惠子這樣又漂亮又擅於運動的女孩是最受歡迎的！而她的學業成績差只會讓她更受歡迎，因為這表示她一點也不在乎學業成績，這表示她是個很酷的女生。事實上，在我的學校裡，最受歡迎的人就是像惠子這樣的女生。她們很在乎自己的外表，而不太在乎學業成績。在日本，情形剛好相反。不要誤會，日本人還是喜歡漂亮的女生，不過，日本人同時也非常注重學業成績。這就好像是「書呆子的報復」——人們真正看重的是你的學業表現，而不是你有多酷。在這方面，美國和日本的文化有著極大的差異，而我認為日本人的觀念比較正確。他們的做法也許有點過頭，不過，這種觀念會讓每個人認真思考自己是個什麼樣的人、自己做了多少努力，而不是只看一個人的穿著、外表，或是他所交的朋友。

我覺得這是日本小孩不會惹上這麼多麻煩的主要原因。他們仍然有其他的問題，而有些小孩不論在哪種文化都會惹上許多麻煩，但是，日本的青少年使用毒品或酒精的情況比美國少了很多。我從來沒聽說過有哪個日本小孩逃家，而且，一般來說，我所認識的日本小孩和父母相處的情況也比美國小孩好很多。我知道，這些說法聽起來好像我是站在書呆子那一邊，但至少我所認識的日本小孩似乎比我在美國的朋友快樂許多。我想，學習將注意力放在真正重要的事情上，可以幫助你更瞭解自己，也會讓你對於自己在這個世界上的定位更加滿意。

預期

埃比克提特斯在兩千年前就把這個簡單的道理講得很清楚：「尋找你想要的，躲避你討厭的。」要知道，隨著你的成長，你所面臨的問題會改變，而你也會隨之改變，你想要的東西和你想躲避的東西也會改變。眼光不要太過短淺，想一想人生的全貌。「飛蛾與冬天」的寓言故事可以提供我們一個很好的思考角度。

飛蛾的生命只有三個月。假設有一隻飛蛾在九月的時候從繭裡孵化出來。整個秋天，牠都在忙著做飛蛾該做的事。秋天的氣候還算不錯，也許有一點風，有一點冷，但整體而言，天氣相當舒適宜人。當這隻飛蛾步入老年（十一月）時，天氣變得愈來愈冷，甚至還下雪。這時，這隻將死的飛蛾會開始回顧牠一生的經歷，但牠不曾經歷過冬天，因此也不知道該爲冬天做哪些準備。我們比飛蛾幸運的地方是，我們可以從別人的經驗中學習（閱讀、與人聊天、別人給予忠告），如果這樣，我們還是沒有爲冬天做好準備，那就說不過去了。然而，一代又一代的年輕人在他們剛步入成年人的階段時，還是一樣手足無措。我們眞的這麼笨嗎？

年輕朋友們，你的經驗還很有限，在你的經驗裡，並沒有資料告訴你該如何爲獨立自主（冬天）做好準備。獨立自主與獨力謀生（也許還有其他的東西）不包含在你的襁褓回憶中，也不在你的孩提記憶裡，甚至也不在你的青少年經驗中。對於人生中即將來臨的挑戰，你毫無直接相關的經驗可供參考。你必須要比飛蛾還要聰明，你必須要知道有什麼事物即將來臨——那道光線是隧道的盡頭，還是一列迎面而來的火車？你必須要把握時間，學習所有你將來可能需要的技能，如此一來，當你在某天遇上一個機會時，你就可以善用這個機會，並獲得成功。只要你做好這些準備，你將會發現，所有的人都會認爲你是個「最幸運」的人。你想要擁有一份好工作、一個成功的伴侶和乖巧的小孩嗎？這些你都可以得到。對自己的人生做過充分思考的人，可以從他們的人生中獲得最多！你也可以加入他們的行列！

Life is not fair 重點整理

你已經知道所有與運氣有關的事情了。你知道運氣可以彌補缺憾。只要你在對的時機出現在對的地點，你就可以成爲一個幸運的人。相反的，如果你在錯的時機出現在錯的地點，你就會成爲一個不幸運的人。你要知道，**好運**與**壞運**發生在你身上的機率是一樣的。只要你懂得善用良機、看好下注，你就會變得非常、非常幸運！只要你將花費在壞事上的時間與精力減到最少，你就可以避開壞運。盡快了結壞事。絕對不要逃避問題——扭轉局勢、讓情勢變得對你有利，並自我創造機會。爲可能發生的事做好準備！從機會、技能與時機的觀點來思考你的目標。想辦法讓自己三者兼備！只要你辦到了，你就可以開始爲自己創造好運。

預先替別人思考「這件事對我有什麼好處？」，這麼做，你不只會變得幸運，而且還會成爲一個受大家歡迎的人。同時，不要忘了從**你自己**的角度來思考「這件事對我有什麼好處？」。展望未來，預先做好計畫，並積極思考。把小型計畫（加入水球隊）的經驗應用在即將發生的大事上。將小型計畫變大。注意一下自己想要的和想躲避的各是什麼。不要當個笨蛋。不要當個在雪地裡冷得發抖的飛蛾！

現在，請你花一點時間思考以下這些問題：

□ 你可以提出一些「對的地點，對的時機」，以及「錯的地點，錯的時機」的例子嗎？

- □ 你知道在你的一生中，你何時該押較高的賭注，何時該押較低的賭注嗎？
- □ 提出一個你曾經逃避過的問題，這個問題後來有再找上門來嗎？
- □ 你想要爲自己創造什麼樣的機會？
- □ 你能說明機會、時機與技能是如何對事情產生影響的嗎？
- □ 你搞懂「這件事對我有什麼好處？」的法則了嗎？
- □ 你可以說出一個你想要進行的小型計畫嗎？
- □ 你想要進行的第一個大型計畫是什麼？

國家圖書館出版品預行編目資料

學校沒教的10件事/比爾・博納德(Bill Bernard)著；謝東紫譯.
--初版. -- 臺北市：商周出版：家庭傳媒城邦分公司發行, 2006（民95）
面；　公分.（awake：33）
譯自：Life is not Fair: and everything else they forgot to teach you in school
ISBN 986-124-678-9（平裝）

1. 生活指導　2. 青少年－心理方面

177.2　　95010665

awake 33

學校沒教的10件事 Life is not Fair

原著書名／Life is not Fair
作　　者／比爾・博納德（Bill Bernard）
譯　　者／謝東紫
企畫選書／陳玳妮
責任編輯／陳玳妮

版　　權／林心紅
行銷業務／李衍逸、黃崇華
總 編 輯／楊如玉
總 經 理／彭之琬
法律顧問／台英國際商務法律事務所　羅明通律師
出　　版／商周出版
臺北市中山區民生東路二段141號11樓
電話：(02) 2500-7008　傳眞：(02) 2500-7759
E-mail：bwp.service@cite.com.tw
發　　行／英屬蓋曼群島商家庭傳媒股份有限公司城邦分公司
臺北市民生東路二段141號2樓
書虫客服專線：(02)2500-7718；2500-7719
24小時傳眞專線：(02)2500-1990；2500-1991
服務時間：週一至週五上午09:30-12:00；下午13:30-17:00
劃撥帳號：19863813　戶名：書虫股份有限公司
E-mail：service@readingclub.com.tw
歡迎光臨城邦讀書花園　網址：www.cite.com.tw
香港發行所／城邦（香港）出版集團有限公司
香港灣仔駱克道193號東超商業中心1樓
電話：(852) 25086231　傳眞：(852) 25789337
E-mail：hkcite@biznetvigator.com
馬新發行所／城邦（馬新）出版集團
Cité (M) Sdn.Bhd. (458372 U)
41, Jalan Radin Anum, Bandar Baru Sri Petaling,
57000 Kuala Lumpur, Malaysia.
電話：(603) 90578822　傳眞：(603) 90576622　Email：cite@cite.com.my

封面設計／黃聖文
排　　版／極翔企業有限公司
印　　刷／韋懋實業有限公司

■2006年（民 95 ）6月26日初版
■2015年（民104）9月30日二版4.5刷
Printed in Taiwan

定價／249元

986-124-678-9